Adolf Holl

Wie ich ein Priester wurde, warum Jesus dagegen war, und was dabei herausgekommen ist

Rowohlt

Schutzumschlag- und Einbandgestaltung
Walter Hellmann
Fotos von Adolf Holl:
Michael Horowitz (Umschlagvorderseite)
und Christine Strub (hintere Umschlagklappe)

1. Auflage August 1992
Copyright © 1992 by Rowohlt Verlag GmbH,
Reinbek bei Hamburg
Alle Rechte vorbehalten
Satz aus der Aldus (Linotronic 500)
Gesamtherstellung Clausen & Bosse, Leck
Printed in Germany
ISBN 3 498 02915 0

Für F.M.

Inhalt

1 Requiem

Die Totenmesse für Herbert von Karajan im Salzburger Dom wurde vom österreichischen Fernsehen direkt übertragen, zur Hauptsendezeit. Der Zelebrant war Franz Kardinal König, emeritierter Erzbischof von Wien. Die Musik stammte von Mozart. Als ich ins Zimmer kam, sang der Chor eben das Kyrieeleison. Erbarmen, Herr! Dann das Lied vom Weltuntergang und vom Jüngsten Gericht. Recordare Jesu pie quod sum causa tuae viae. Denk daran, lieber Jesus, daß du meinetwegen deine Wege gewandert bist. Nach dem Evangelium gedachte der Kardinal des verstorbenen Dirigenten und katholischen Christen, für dessen Seelenruhe der Trauergottesdienst gefeiert wurde. Mit fester Stimme predigte der Kardinal vom Ewigen Leben, während zwischendurch die Gesichter der Anwesenden zu sehen waren, die verschlossenen Mienen von Menschen bei einer ernsten öffentlichen Veranstaltung. Ob sie an das Ewige Leben glaubten? Hostias et preces tibi Domine laudis offerimus, sang der Chor. Opfergaben und Gebete bringen wir zum Lobe dir dar, Herr. Nimm sie an für die Seelen, deren wir heute gedenken. Der Kardinal hielt die konsekrierte Hostie in die Höhe, und meine alte Wunde begann wieder zu schmerzen. Ich verließ das Zimmer und ging in die Küche.

Am Ende unserer letzten Unterredung im Februar 1976 hatte der Kardinal angekündigt, er werde mir das Zelebrieren der Messe untersagen müssen. Das war die Verwundung, die nicht heilen wollte. Einige Monate später fragte mich eine deutsche Fernsehjournalistin vor laufender Kamera: Herr Holl, fühlen Sie sich von Gott geliebt?

Nein.

Nachher mußte ich über meine Antwort lachen, aber sie erschreckte mich auch. Seit meiner letzten Messe in der Kapelle eines Studentenwohnhauses hatte ich an keinem Gottesdienst mehr teilgenommen und auch mit dem Beten aufgehört. Dreißig Jahre Religion sind genug, schrieb ich in mein Tagebuch. Einmal träumte ich von Kardinal Innitzer, dem Vorgänger Königs. Innitzer hatte mich zum Priester geweiht. Er erschien mir im Traum als freundlicher Fleischermeister eines Betriebs, dem er offenbar seit langer Zeit angehörte.

In der Öffentlichkeit wurde ich zu einem «Ex-Priester». Immer wieder fragte man mich, nach einem Vortrag oder während einer Podiumsdiskussion: Glauben Sie an Gott? Glauben Sie an die Gottheit Christi? An ein Leben nach dem Tod? Woran glauben Sie? Dann erschien ich wie einer, dem plötzlich ein kostbarer Ring fehlt und der den Verlust verschweigt, weil er sich schämt, sein Kleinod nicht besser gehütet zu haben. Ich wollte nicht eingestehen müssen, daß ich den Glauben an die kirchlichen Dogmen verloren hatte. Wie sollte ich sagen, woran ich glaubte, wenn ich es selber nicht mehr wußte. Fast immer wurden die Fragen in einem aggressiven Tonfall gestellt. Sie kamen von kirchentreuen Menschen, die sich über mich ärgerten. Von ihnen hatte ich keine Gnade zu erwarten.

Jetzt soll die alte Wunde wieder zu bluten beginnen. Der Schriftsteller Frederic Morton, mit dem ich seit langem befreundet bin, hat mich dazu ermuntert, eine Art spiritueller Autobiographie zu schreiben. Morton lebt in New York. Er mußte im Alter von fünfzehn Jahren aus Wien weg, als Kind jüdischer Eltern. Jedes Jahr kommt er nach Wien, um in seinem Heimatbezirk spazierenzugehen, durch die Gassen von Hernals, wo sein Vater eine Fabrik hatte.

Von Hernals nach Breitensee, wo die Kirche zum heiligen Laurentius steht, geht man zu Fuß eine gute halbe Stunde. In der Breitenseerkirche betete ich nach 1945 als Ministrant das Confiteor. Confiteor heißt: Ich bekenne. Ich werde mit Fred nach Breitensee wandern und ihm zu erklären versuchen, warum es mich zu den Priestern zog, den Feinden des jüdischen Volkes. Ich werde ihn in die Boltzmanngasse führen, wo das erzbischöfliche Priesterseminar steht, und hernach in den Stephansdom, die Mitte von Wien.

Seit 1976 fühle ich mich unbehaglich, wenn ich in der Inneren Stadt bin und auf den Stephansplatz komme. Dort steht auch das erzbischöfliche Palais, in dem das Urteil über mich verhängt wurde, die Strafe der Amtsenthebung, genannt Suspension. Ein Begriff aus der Sprache des kirchlichen Rechts, so alt wie das organisierte Christentum. Durch einen bischöflichen Hoheitsakt wird dem Priester die Ausübung seiner Vollmachten untersagt, bis auf weiteres. Er bleibt jedoch Kleriker. Auf dem Papier bin ich immer noch ein Geistlicher, Fred.

Nur auf dem Papier?

Mein Vorname erinnert mich immer wieder an Adolf Hitler. Im Traum hatte ich ihn einmal am Telefon, und auf mein Drängen hin verriet er mir seine Geheimnummer. Sie hatte sechs Zahlen, und als ich nach dem Traum aufwachte, notierte ich sie sofort. Aber weder in Wien noch in Berlin, auch nicht in München, wo ich es ebenfalls probierte, gab es einen Anschluß unter dieser Nummer.

Hitler war Katholik. In den letzten Jahren ist es mir immer schwerer gefallen, über Religion nachzudenken, ohne ihn im Auge zu behalten. Als er im März 1938 nach Österreich kam, zusammen mit den deutschen Truppen, feierten ihn die Menschen wie einen Gott. Ich war damals acht Jahre alt, und die verchromten Hakenkreuzlein zum Anstecken, die es überall zu kaufen gab, gefielen mir sehr. Später wurde ich ein pflichteifriger Pimpf beim Deutschen Jungvolk und durfte bald einen «Jungzug» führen, das waren dreißig oder vierzig Buben meines Alters, für die ich Bastelstunden oder «Heimabende» veranstaltete. Immer wieder mußten wir in die Innere Stadt marschieren, zu Massenkundgebungen, und sangen dabei flotte Lieder. Vorwärts, vorwärts, schmettern die hellen Fanfaren.

Im Deutschen Jungvolk habe ich das Kommandieren gelernt, was ich später gut gebrauchen konnte, als ich Religionslehrer wurde. Immer wieder forderte ich die Kinder auf, am Sonntag in die heilige Messe zu gehen, und wünschte von ihnen Gehorsam. Aber die meisten Kinder widersetzten sich meiner Einladung, weil ihre Eltern nicht viel vom Kirchgang hielten. Hätte ich über Machtmittel verfügt, die Kinder in die Kirche zu bringen, ich hätte sie angewandt. Diese für mich ärgerliche Lage war eine Wiederholung der Situation, in der ich mich zehn Jahre früher befunden hatte, als dreizehnjähriger Jungzugführer. Jede Woche hatte ich an den Wohnungstüren der mir anbefohlenen Knaben zu läuten, um ihnen den Termin des nächsten Heimabends in Erinnerung zu rufen. Dennoch geschah es häufig, daß zur vereinbarten Stunde außer mir niemand da war. Ich war ein General ohne Truppen. Einmal lauerten mir einige ältere Burschen auf, während einer meiner Benachrichtigungstouren, bedrohten mich und versetzten mir ein paar Schläge. So erlebte ich die Grenzen der Macht, der ich diente, und die Sache Hitlers war damit für mich endgültig verloren. Meine Verehrungsbereitschaft war zum ersten Mal enttäuscht worden. Aber der Befehl, einer höheren Sache zu dienen, blieb von diesem kindlichen Glaubensverlust unberührt. Die Fanfaren waren verstummt. Das Geläute der Kirchenglocken wurde besser vernehmbar.

Heute halte ich die Erfahrung, daß meine Befehle nicht befolgt wurden, für wertvoll. Die Religion, deren Diener ich war, steckt voller Befehle. Lasset uns beten! Empor die Herzen! Eine Religion ohne Befehle ist bislang nicht erfunden worden. Vielleicht sollte ich mir vornehmen, Hitler zu fragen, was er vom Kommandieren hält, falls mir wieder einmal von ihm träumt. Befehl ist Befehl, würde er sagen. Und im Traum würde ich ihm glauben.

Hitler gehört in die Welt des Glaubens, in die Welt der Inbrunst, des Eifers, der Ergriffenheit, der Zuversicht, der Geborgenheit, der Strenge. Diese Welt hat ihre Territorien, deren Grenzen meist gut bewacht sind. Zwischen den Gläubigen verschiedener Bekenntnisse kann es nur dann zu einer Verständigung kommen, wenn ihr Eifer erkaltet ist. Ansonsten sind die unterschiedlichen Glaubensrichtungen, wenn sie miteinander in Berührung kommen, zerstritten. Die Geschichte der Glaubenskriege, der religiösen Verfolgungen und Massaker lernen die Kinder in der Schule. Daß der Glaube eine Tugend sei, ist für Skeptiker schwer zu begreifen.

Zu erklären bliebe dann noch, besonders für Skeptiker, warum manche Gebäude, die der Glaube errichtet hat, so schön wirken können. Eng und klein können sie sein oder hoch und geräumig; immer verweisen sie auf ein Umgreifendes, das unsichtbar bleibt. Je älter sie sind, desto dichter das Energiefeld in ihnen, aufgebaut aus der Wunschkraft der vielen Gebete, die in ihnen um Erhörung flehen.

In einer gotischen Kathedrale vermag man sich Hitler als Prediger nur schwer vorzustellen. Er blieb immer ein Emporkömmling, auch in der Welt des Glaubens.

Mein derzeitiger Platz ist auf den Stufen der Kathedrale, vor ihrem Portal, durch das die Gläubigen kommen und gehen. Aus dem Inneren ist das Brausen der Orgel zu hören. Am Nachmittag, wenn die Gottesdienste vorüber sind, betrete ich das Kirchenschiff, wandere umher, in vertrauter Umgebung, zufrieden. Niemand fragt mich nach meinen Gedanken. Als Gottesmann bin ich auf Urlaub, unbefristet. Beim Hinausgehen benetze ich meine Finger mit Weihwasser und schlage ein Kreuz, ohne dabei an Gott zu denken. Je älter eine Kirche ist, desto wohler fühle ich mich in ihr.

In bezug auf den Glaubenseifer wird mein Buch die Geschichte eines zögernden Lebewohls sein. Ich denke dabei an einen Kriminalroman von Raymond Chandler: «Der lange Abschied». Der Mann, dem der Privatdetektiv am Beginn begegnet, ist wie der lose Faden eines Gewebes aus verbrecherischen Leidenschaften, denen der Ermittler dann nachspürt, unter Lebensgefahr. Nach der Aufklärung mehrerer Mordfälle, die untereinander zusammenhängen, taucht der rätselhafte Mensch, der alles ausgelöst hat, ein letztes Mal auf, und das Buch ist zu Ende.

Wie furchtbar der Glaubenseifer sein kann, ist in der «Kriminalgeschichte des Christentums» nachzulesen. Nach der Lektüre wirken all die Päpste, Kardinäle, Bischöfe und Äbte, Theologen, Nuntien, Mönche und Priester von den ersten Anfängen der Kirche bis in die katholische Gegenwart wie eine Bande von Gangstern, deren verbrecherische Machenschaften sich hinter Weihrauchwolken verbergen.

Das alte Mütterchen vorm Gnadenaltar, mit dem Rosenkranz zwischen den Fingern, erscheint in dieser Optik als Opfer eines pfäffischen Betrugs, dessen Lügengespinst im Zeitalter der bürgerlichen Revolutionen Europas zerrissen wurde, für immer.

Erreicht wird dieser Eindruck durch eine Zeitraffertechnik, die auf ein paar hundert oder tausend Seiten all die Greuel versammelt, zu denen der Glaube sich hat hinreißen lassen. Ausgeblendet ist dabei die lange Geschichte der christlichen Güte, die aus derselben Wurzel sich nährt wie der christliche

Eifer, und der Zusammenhang zwischen beiden muß im dunkeln verbleiben. Der Glaubenseiferer, der ich einmal war, kommt mir heute vor wie ein Fremder. Er hat konservativ gewählt und die Todesstrafe befürwortet, seine Schüler während des Religionsunterrichts abgewatscht, beim Predigen häufig seine Stimme erhoben und besonders gern beim «Großer Gott» mitgesungen. Großer Gohott wir lohobehen Dich, Herr, wir preiheisen deiheine Stärke. Der Fremde war jähzornig und ist es noch immer. Er gehört zu mir. Er ist lediglich kleinlauter geworden.

Auch wenn ich die Kirchen nur noch selten betrete, sind sie doch da, unerschüttert. Sie werden mich überdauern, alle die Gotteshäuser, Tempel, Moscheen der Erde. Ihre Feiertäglichkeit verweist auf Umgangsformen, die älter sind als das Alphabet. Für die jenseitigen Mächte, denen ich als Knabe zu dienen begann, spielt die Zeit keine besondere Rolle. Götter und Tote können warten. Ob die Maschinenära ihnen den Garaus gemacht hat, ist keineswegs sicher.

Deshalb werde ich mich zu fragen haben, ob auch in meinem Leben Kräfte am Werk waren und sind, denen meine Zweifel am kirchlichen Dogma nichts anhaben konnten. Diese Antriebe wären es wohl, die mich mit dem Herrn Kaplan, der ich einmal war, halbwegs versöhnen könnten. Die Identität mit mir selbst, die dann sichtbar würde, wäre nicht nur die meinige, und das Umgreifende meines Lebensweges hätte dann einen überpersönlichen Sinn. Nicht nur Brüche würden dann zu beschreiben sein, sondern auch Kontinuitäten, wie ein unwandelbares Licht über vergänglichen Unternehmungen. Et lux perpetua luceat eis. Und das ewige Licht leuchte ihnen. Im Requiem von Mozart wird dieser Wunsch mit Festigkeit vorgetragen. Er gilt den Toten und den Lebendigen.

2 Ein Geburtsmakel

*H*ier ist mein Lebenslauf: Geboren am 13. Mai 1930 in Wien, Besuch der Volksschule und des Gymnasiums daselbst, Eintritt ins Priesterseminar und Beginn des Theologiestudiums 1948, Priesterweihe 1954. Bis 1973 Kaplan an zwei Wiener Pfarren, gleichzeitig Religionslehrer (bis 1965) und (ab 1963) Universitätsdozent für Religionswissenschaft an der katholisch-theologischen Fakultät der Universität Wien. Theologisches Doktorat 1954, philosophisches Doktorat 1961. Seit 1973 freier Schriftsteller, ab 1977 auch gelegentlicher Moderator einer Diskussionssendung des österreichischen Fernsehens. Ledig, keine Kinder. Mitglied des PEN-Clubs und der Österreichischen Gesellschaft für Soziologie.

Nichtigkeit, nur Nichtigkeit, spricht der Prediger; alles ist Nichtigkeit und Haschen nach Wind.

Das geistliche Leben hat sich um Titel, Positionen, Ehren und Ämter nicht zu kümmern. Martha, Martha, du sorgst und beunruhigst dich um viele Dinge. Doch notwendig ist nur eines. Das geistliche Leben steht im Gegensatz zum weltlichen. Zum weltlichen Leben gehören Führerscheine, Uhren, Kaviar, Schallplatten und Bücher, Bettwäsche, Unfallversicherungen, Möbel, Urlaubsreisen, Porzellangeschirr, Tennis, Küsse, Fotografieren, Geschäftsbeziehungen, Theaterpremieren, Sparbücher, Abendeinladungen, Pelzmäntel, Telefone, Orden, Zeitungen, Flugtickets, Diamantringe, Türschlösser, Elektroherde, Brillen und Streichhölzer. Zum weltlichen Leben gehören die Dinge, die vielen, und die Anhänglichkeit an die Dinge. Wer ein geistliches Leben führen will, muß sich gegenüber den Dingen gleichmütig verhalten, sie zwar benutzen, aber nicht bei ihnen genießend verweilen. Muß lernen, «die Dinge zu durchbrechen», wie der Meister Eckhart es ausgedrückt hat. So weit bin ich noch lange nicht. Ich war und bin ehrgeizig, genußfreudig, eitel. Ob ich seit dem Jahr 1976 überhaupt noch ein geistliches Leben führe, ist sehr die Frage. Seit meiner Suspendierung ist mein geistliches Leben ebenfalls suspendiert, wie man sagen könnte. Suspendiert heißt wörtlich in der Schwebe gehalten, aufgehoben, enthoben. Kann es ein geistliches Leben ohne Gebet, Betrachtung und Gottesdienst geben? Nein, hätte der Prälat Taubert gesagt, sicher nicht.

Walter Taubert, Doktor der Theologie, Domdechant, gestorben 1983, leitete das Wiener Priesterseminar, in dem ich zur Führung eines geistlichen Lebens erzogen wurde. Die Zöglinge, Alumnen genannt, sagten zum Prälaten Taubert: Herr Regens. Die Rede vom geistlichen Leben, in der heutigen Umgangssprache kaum noch gebräuchlich, habe ich vom Herrn Regens gelernt.

Zum ersten Mal begegnete ich dem Herrn Regens ein paar Wochen vor meinem Eintritt ins Priesterseminar, beim Vorstellungsgespräch. Die Entscheidung, ob ich aufzunehmen sei oder nicht, lag beim Herrn Regens. Unter den Fragen, die er mir stellte, war auch die nach meinen Familienverhältnissen, nach dem Vater und der Mutter. Die Auskunft, die ich zu geben hatte, war mir peinlich. Mein gesetzlicher Vater, gestorben im Krieg, war nicht mein natürlicher Vater. Die standesamtliche Ehe zwischen Karl Holl und meiner Mutter war nur zum Schein eingegangen worden. Nach kirchlichem Recht war ich unehelich geboren. Uneheliche Geburt fiel unter die Kategorie der sogenannten Irregularitäten, der kanonisch definierten Hindernisse, die vom erlaubten Empfang der Priesterweihe ausschließen. Von ihnen mußte dispensiert werden. Das wäre überhaupt kein Problem, meinte der Herr Regens, er würde sich darum schon kümmern.

Von alters her galt die uneheliche Geburt als Mangel an Ehrbarkeit, als eine Art von Defekt, zwar unverschuldet, aber doch wirksam als Hindernis auf dem Weg zu höheren Würden. Im kirchlichen Recht hatte sich diese Auffassung gehalten, gemildert durch die Möglichkeit der Dispenserteilung, die in meinem Fall ohne weiteres gewährt wurde. Für mich blieb nach dem Gespräch mit dem Herrn Regens ein feiner Stachel im Selbstbewußtsein zurück. Die Voraussetzungen für mein geistliches Leben waren neun Monate vor meiner Geburt festgelegt worden.

Die Nazis gingen bei der Überprüfung meines Geburtsmakels weitaus pedantischer vor als der Herr Regens. Im Jahr 1943 erhob der Oberstaatsanwalt beim Landgericht Wien Klage gegen den minderjährigen Adolf Franz Holl. Grund dafür war das Vorhandensein eines jüdischen Großelternteils in der Ahnenreihe des Karl Holl. Meine Mutter nahm sich einen Anwalt und gab zu Protokoll, daß der natürliche Vater ihres Kindes nicht Karl Holl, sondern ein anderer Mann gewesen sei, dessen Namen sie nannte. Er konnte zur Sache nicht mehr befragt werden, weil er längst auf dem Friedhof lag. Auch Karl Holl war für immer verstummt, im Dezember 1942. Als Beweis für ihre Darstellung legte meine Mutter eine Zahlungsbestätigung über tausend Schilling vor, unterfertigt von Karl Holl am 29. Januar 1930, dem Tag seiner standesamtlichen Trauung mit meiner Mutter. Daraufhin wurde vom Landgericht Wien «der Sachverständigenbeweis über die behauptete Tatsache der Nichtzeugung des Kindes Adolf Holl mit erbbiologischer Vaterschaftsprüfung» zugelassen.

Was die Rassenbiologen im sogenannten Dritten Reich angestellt haben, ist ein eigenes Kapitel. In meinem Fall schrieb der gutachtende Universitätsdozent vom Anthropologischen Institut der Universität Wien: «In seinem rassischen Erscheinungsbild weist der Prüfling in der Mundgegend Züge auf, wie wir sie bei Juden häufiger finden als in unserer Bevölkerung. Darin gleicht der Prüfling seinem gesetzlichen Vater, ebenso in dem dazu stimmenden Bau der Unternase.» Die Vaterschaft Karl Holls an dem minderjährigen Beklagten Adolf Holl erschien somit dem Gutachter wahrscheinlicher als die Vaterschaft des von der Kindesmutter genannten Mannes. Der Akt ging ins «Reichs-Sippenamt» nach Berlin, und dort ist er offenbar nicht weiter bearbeitet worden; der Oberstaatsanwalt beim Landgericht Wien hat sich jedenfalls bis jetzt bei mir nicht wieder gemeldet. Meine amtliche Einstufung als «Achteljude» wurde durch das Ende des Zweiten Weltkriegs verhindert.

Meine Mutter, sie starb im Januar 1975, behielt die näheren Umstände meiner Geburt lieber für sich. Der Mann, an den sie ihre Unschuld verlor, war verheiratet und nicht mehr ganz jung. Meiner Mutter schenkte er ein goldenes Armkettchen mit einem Anhänger, auf dem geschrieben stand: Mein Mausi. Sein Vorname war Adolf. Er war der erste und letzte Mann im Leben meiner Mutter. Meine Mutter erzählte mir, daß er bald nach meiner Geburt überraschend gestorben sei. Auf meine Frage nach ihren Gefühlen zu meinem Vater meinte sie: Ich war neugierig. Kennengelernt hatte sie meinen Vater in dem Büro, wo sie beide arbeiteten. Meine Mutter war 31 Jahre alt, als ich anfing, in ihr zu leben. An die Engelmacherin hat sie nie gedacht, wohl aber an die Brandmarkung eines Kindes, das keinen Vater vorweisen konnte.

Meine Mutter gab eine Anzeige in die Zeitung: Namensehe gesucht. Und siehe, es meldete sich Karl Wilhelm Holl, ledig, welcher Geld brauchte. Er zog mit seinen tausend Schilling von dannen, und das Kind hatte einen Namen. Es wuchs ohne Vater auf, innigst geliebt von seiner Mama, die weiter ins Büro gehen mußte, zum Zweck des Geldverdienens. In der Mittagspause fuhr sie schnell nach Hause, um das Kind zu stillen. Ganz naß war ich in der Straßenbahn, erzählte meine Mutter, ich hatte so viel Milch. Zu Hause wartete die Frau Walch Karoline, geborene Rosenauer, Beamtenwitwe. Sie hatte sich meiner Mutter und ihres Bruders angenommen, als die beiden zu Waisenkindern wurden. Jetzt hatte die Frau Walch sozusagen ein Enkerl bekommen, welches sie von Herzen liebte.

Warum hätte ich die Frage, ob ich mich von Gott geliebt fühle, bejahen sollen? Ich bin von zwei Frauen geliebt worden, und wann immer ich an sie denke, wird mir warm ums Herz. Wenn ich an Gott denke, wird mir nicht warm ums Herz.

Gelegentlich muß ich an Jean-Paul Sartre denken, der ebenfalls ohne Vater aufgewachsen ist. Er schrieb: «Es gibt keine guten Väter, das ist die Regel.» Die Bemerkung eines Psychoanalytikers, Sartre verfüge über kein Über-Ich, hat den Philosophen amüsiert; er betrachtete die Abwesenheit des Vaters eher als Vorteil. Der frühe Tod seines Erzeugers gab ihm die Freiheit, sich selbst aus dem Nichts neu zu erschaffen. Die Rolle, die man ihm anbot, war die eines Schriftstellers, und er übernahm sie mit dem Eifer des Novizen, dem das geistliche Kleid überreicht wird.

Von psychologischer Seite ist den Muttersöhnen eine Neigung zum klerikalen Leben bestätigt worden. Rorschachtests und Tiefeninterviews mit katholischen Theologen förderten überdurchschnittlich starke Mutterbindungen zutage, zusammen mit homosexuellen Neigungen, heftigen Angstvorstellungen beim Gedanken an das weibliche Genitale und einer Fixierung auf den oralen Bereich, das Lutschen und Saugen. Das klingt gar nicht uninteressant, wie eine Einladung zur Demaskierung würdiger Prälaten, deren Miene nur mühsam den verwirrten Blick schlecht geliebter Knaben verbirgt. In der tiefenpsychologischen Sichtweise erscheint der Papst als halbierter Ödipus, dem nicht gestattet wurde, seinen Vater zu töten, und der geistliche Stand liegt im Schatten leidender Mütter, deren Kinder dazu verdammt sind, ihre Bestimmung im Unglück und in der Erniedrigung zu erblicken, wie der Christus im Elend, dessen traurige Augen den Jammer der Welt betrachten müssen, für immer.

Der Psychoanalytiker, zu dem ich im Jahr 1962 ging, um mit ihm eine Ausbildung zum Seelenfachmann zu besprechen, durchschaute die Geschichte, die ich ihm erzählte, sofort. Ich hatte mich für Gruppendynamik zu interessieren begonnen, und man hatte mir zu einer Lehranalyse geraten. Warum eigentlich nicht, sagte ich mir, ohne daran zu denken, daß mein Gang zum Seelenarzt einen Wunsch nach Rettung aus einer beruflichen Krise bedeuten konnte.

Eben darauf machte mich der Analytiker aufmerksam, mit warnenden Worten, an die ich mich genau erinnere. Vorsichtshalber wandte ich mich brieflich an einen Jesuiten, der als Diplom-Psychologe in Berlin arbeitete. Zu bedenken sei, erfuhr ich, daß jede Analyse zu einer Übertragungsneurose führe, die nur dann vertretbar wäre, wenn der Leidensdruck des Patienten das Risiko rechtfertige. Das denn doch nicht. Ich wollte mich auf keine Übertragungsneurose einlassen, was immer damit gemeint war, und verzichtete auf den Abstieg in die Tiefen der eigenen Seele.

Deshalb vermag ich nicht anzugeben, welche Rolle der fehlende Vater in meinem Unbewußten spielt. Der für ihn reservierte Platz in der Krypta meiner Seele ist leer geblieben. Wenn die Psychoanalyse recht hat, dann wäre dort die Nische für das Gottesbild gewesen. Der liebe Gott stellt nach der Auffassung Freuds den überhöhten Vater dar. In meinem Fall war niemand da, der überhöht werden konnte. Über Abwesende soll man nichts Nachteiliges sagen.

Meine Mutter war römisch-katholisch, in unauffälliger Weise. Ab und zu ging sie am Sonntag in die Kirche. An ein Kruzifix in unserer Wohnung vermag ich mich nicht zu erinnern. Die Frau Walch hätte derlei mit Sicherheit nicht geduldet; sie war eine Freidenkerin und aus der Kirche ausgetreten. Die Verrichtungen der Priester bezeichnete sie als Hokuspokus. Mit dem, was ich jetzt schreibe, wäre sie vermutlich ganz zufrieden. Sie starb im April 1941, an Leberkrebs, und damals dachte ich nicht einmal im Traum daran, Priester zu werden. Meine Träume gingen in eine andere Richtung.

Der Knabe, der ich war, sah sich im Einschlafen gern in der Gewalt vieler Frauen. Sie hatten ihn gefangen, sie hielten ihn fest, und das gefiel dem Knaben. Lebten die Frauen in Zelten? Waren das die Amazonen? Immer wieder inszenierte der Knabe vor dem Einschlafen die Bilder der Wildnis, durch die er allein zu wandern hatte, in gefährlichem Auftrag. Wurde überraschend umringt und ergriffen, ins weibliche Lager gebracht. Was dort mit ihm geschehen sollte, wußte er nicht. Kein einziger Mann weit und breit. Jetzt haben sie mich.

Die Wohnanlage, in der ich aufwuchs, zusammen mit anderen Kindern, war von der Wiener Gemeindeverwaltung bald nach dem Ersten Weltkrieg gebaut worden, neben der «Schmelz», einem Exerzierfeld aus den Zeiten der Habsburgermonarchie. Zweistöckige Häuser mit geräumigen Wohnungen umstanden im Rechteck ein weitläufiges Areal, das jedem Mieter einen Schrebergarten zuteilte. Obstbäume, Blumenbeete, Ziersträucher wuchsen im Paradies meiner Kindheit. Das war «der Garten», in dem wir uns aufhielten, Buben und Mädchen, bisweilen zwei Parteien bildend, die einander verfolgen mußten. Grete und Kurti, Reinhard, Walti und Heinz, Erna, Trude, Traudl. Man wußte, wo man sich vor den anderen zu verstecken hatte. In den Schrebergärten standen Lauben mit Sitzgarnituren. In einer Laube zeigte mir eines der Mädchen verstohlen seine Scham, und ich durfte das Geheimnis niemandem sagen. Vor einigen Jahren ist die Wohnanlage renoviert worden, und wenn ich an ihr vorüberfahre, erscheint es mir ausgeschlossen, sie wieder einmal zu betreten, nach so langer Zeit. Dort drinnen könnten die Amazonen sein. Ich laufe allein durch das «heimliche Wegerl» zwischen den Schrebergärten. Das Weglein ist schmal, überwachsen von Baumkronen. Jemand ist hinter mir her, im Mondlicht. Nach der Auffassung von Carl Gustav Jung kann das nur meine Anima sein. Wenn sie mich erwischt, wird sie mir ein Geheimnis zeigen. Ich möchte erwischt werden und laufe davon.

Die Priester warteten auf ihre Gelegenheit. Sie waren geduldig. Sie trugen eine weiße Hostie hinter einem Fensterchen aus Glas, umschmiedet von goldenem Zierat, am Fronleichnamstag durch die Straßen, machten aber damit keinen besonderen Eindruck auf mich. Die alten Fotos, auf denen ich als kleines Bübchen weißgekleidet in der Fronleichnamsprozession mitlaufe, wecken keine Erinnerungen in mir.

Dafür tauchen einige bunte Lämpchen im Nebel der Kindheit auf, aus dem barocken Wien. Es war Brauch, am Karsamstag die prächtigen Gräber des toten Heilands in den Kirchen der Inneren Stadt zu besuchen. Unter Blumen und flackernden Kerzen lag die Nachbildung des göttlichen Leichnams. Wer sieben oder neun solcher heiliger Gräber besuchte, hatte einen Anspruch auf himmlischen Segen erworben, und so wanderte ich mit meiner Mutter von den Minoriten zu den Schotten, den Augustinern, Kapuzinern, Franziskanern, Dominikanern und selbstverständlich in den Stephansdom. In der Minoritenkirche brannten prächtige Lämpchen in allen Farben vorm Grab des toten Erlösers, und immer noch meine ich die Stille zu hören, das schweigende Geschiebe vieler Menschen, unterbrochen vom Geräusch der Münzen, die in den Opferstock fielen. Das ist die Zeit der Mischung aus Winterkühle und zögernder Frische in den alten Mauern, die Ankündigung des neuen Le-

bens. Quia non sumus consumpti: Wir sind verschont geblieben. Die Toten ruhn, und was noch nicht gestorben ist, das
macht sich auf die Socken nun.

Am Nachmittag des Karsamstags zogen die Auferstehungs-
prozessionen durch Wien, und hernach aß man ein Geselchtes.
Die Prozessionen sind verschwunden, im Zug der liturgischen
Reformen der sechziger Jahre. Das Geselchte ist geblieben.

Im Jahr meiner verunglückten Begegnung mit der Psychoanalyse fing ich an, mich als gesellschaftlichen Außenseiter zu begreifen. Den Anlaß für meine Reflexionen bot eine sozialwissenschaftliche Umfrage unter Wiener Gymnasiasten, an der
ich mitgearbeitet hatte. Das Ziel der Untersuchung war eine
Erhebung der Vorstellungen, die sich die Schüler vom Beruf
des Priesters machten. In den Augen der Schüler war der Priester ein weltferner Mann, ganz und gar dem Dienste Gottes
geweiht und verankert in einem Jenseits, das mit dem gewöhnlichen Glück der Irdischen nichts zu tun hatte. Die Schüler
machten mich zu einer Randfigur, zu einem Leuchtturmwäch-
ter, dessen Einsamkeit zu seinem Beruf gehört.

Die Schüler dachten über die Priesterwürde in ähnlicher
Weise wie der Herr Regens. Sacerdos alter Christus, pflegte der
Herr Regens zu sagen. Der Priester als zweiter Christus. Meine
lieben ehrwürdigen Herrn, sagte der Herr Regens, das ganze
Leben des HERRN ist Sühne. Wir haben so viel zu sühnen, für
uns, für andere. Das ist unser Beruf, durch Sühne und Opfer
Mittler zu sein zwischen Gott und der Welt. Wir müssen end-
lich den Ernst und die Not der Zeit verstehen, in die uns der
liebe Gott als Priester hineingestellt hat. Ich kann es nicht verstehen, wie Priester und Kleriker in dieser Zeit so bequem und
sorglos dahinleben können, wo die Welt brennt und der Teufel
so furchtbar umgeht. Wie dächte Christus in meiner augen-
blicklichen Lage, was täte Christus in dieser Lage? So wollen
auch wir Priester denken und handeln.

Der Herr Regens hatte die Latte ziemlich hoch gelegt. Er hatte uns Priesterstudenten dazu erzogen, die Normen unseres Verhaltens im Bewußtsein des Gottmenschen zu suchen und nicht in den Lebensregeln der Gesellschaft, der wir angehörten. Das war selbstverständlich unmöglich, aber der hohe Anspruch genügte, uns zu sozialen Außenseitern zu machen. Das geistliche Kleid, das wir trugen, erinnerte uns beständig an unsere Randexistenz. Wir spürten sie in den Blicken der Menschen auf der Straße, denen wir begegneten.

In den soziologischen Büchern, die ich als Universitätsdozent für Religionswissenschaft studierte, stand eine Menge über Außenseitertum, Devianz, Marginalisierung, abweichendes Verhalten, kognitive Dissonanzen geschrieben. Ich begann zu verstehen, daß ich mich in der Gesellschaft derer befand, die von den meisten Menschen mit Befremden gemustert werden – den sozial Unangepaßten. Gleichzeitig wurde ich vom Staat als Religionslehrer bezahlt, was mich von den Kriminellen und Gammlern, den Alkoholkranken und Geistesgestörten, den Prostituierten, den Terroristen unterschied. Ich hatte eine Rolle gewählt, die von der Norm abwich und mir dennoch eine gesicherte Existenz bot. War das meine Bestimmung?

Es hat zehn Jahre gedauert, bis meine Unrast es schaffte, mich auch in den Augen meiner priesterlichen Berufskollegen, der «Mitbrüder», zum Abweichler zu stempeln. Je öfter mein Name in den Zeitungen stand, desto fremder wurde ich ihnen. Dann empfing ich meine Verwundung und wurde ein Mann.

Seitdem gehöre ich nirgends mehr so richtig dazu. Die Dispensierung von der Irregularität meiner Geburt hat nichts genutzt. Sehr geehrter Herr Doktor, schrieb mir der Kardinal nach dem Erscheinen meines Buches «Jesus in schlechter Gesellschaft» im Juni 1971, als Priester müssen Sie wissen, daß mit der Gottessohnschaft Jesu das gesamte Christentum steht und fällt. Sie leben von der Kirche, leben Sie aber auch noch in der Kirche? Ich frage Sie in tiefer Sorge und mit mir fragen Ihre Mitbrüder, die Angehörigen unserer Gemeinden und unserer Diözese: Glauben Sie an Jesus Christus als den Sohn Gottes? Wenn nicht, zu wem beten Sie, wenn Sie das Meßopfer feiern? Wenn Sie weiterhin das für richtig halten, was Sie in Ihrem Buch vertreten, dann muß ich Sie bitten, als Mann die Konsequenzen daraus zu ziehen.

Der Brief ließ in mir das Gefühl aufkommen, allein gegen das ganze Erzbistum Wien zu stehen, mit über zwei Millionen Katholiken. Zwar schrieb ich dem Kardinal, ich könne mir kaum vorstellen, nicht mehr in der Kirche zu leben, aber das Gefühl der Ungehörigkeit blieb bestehen. Es macht sich in meinen Träumen bemerkbar, wenn ich zu spät zum Festgottesdienst komme, in Straßenkleidung. Die Priester ziehen an mir vorüber, zum Hochaltar. Sie geben mir zu verstehen, daß ich mir in der Sakristei noch schnell einen Talar überziehen könne. Dann wache ich auf. Die Versöhnung mit der Amtlichkeit, die ich mir im Traum wünsche, ist für meinesgleichen nicht vorgesehen.

Heute frage ich mich, ob ich im September 1948 nicht an der falschen Tür geläutet habe, als ich zum Vorstellungsgespräch mit dem Herrn Regens marschierte. Zwei Monate vorher hatte ich einen Traum notiert, der mir den Beruf eines Journalisten nahelegte, nicht ohne Hohn auf die Theologie. Den Traum zensurierte ich damals als «Versuchung». Erzähle ich die Geschichte einer mißglückten Berufung? War ich von vornherein zum Luftmenschen bestimmt, wie Sartre und alle die Intellektuellen, zu denen ich inzwischen gezählt werde?

Vielleicht sollte ich mich in der Gestalt des Priesters wiedererkennen, die Camus in seinem Roman «Die Pest» beschrieben hat. Die Ärzte können sich nicht entscheiden, ob es die Pest ist, die den Pater Paneloux schließlich erwischt hat, oder eine andere Krankheit. Als man ihn am nächsten Morgen, schreibt Camus, halb aus dem Bett geworfen und tot fand, drückte sein Blick gar nichts aus. Man schrieb auf seinen Zettel: Zweifelhafter Fall.

3 Wir werden gezwungen sein zu lügen

Großmama!

Während des Spiels mit den anderen Kindern konnte es sein, daß ich dringend etwas benötigte – vielleicht einen Ball oder das kleine Segelflugzeug aus Draht und Stoff, das mit einer Gummischleuder in die Luft befördert wurde. Dann schrie ich hinauf zur Frau Walch in den ersten Stock des Hauses, wo wir wohnten, und die Frau Walch warf das Gewünschte herunter zu mir. Wenn es Zeit zum Abendessen war, rief die Frau Walch mit lauter Stimme: Bubi! Dann war Schluß mit dem Spielen.

Meine Erziehung oblag hauptsächlich der Frau Walch, weil meine Mutter jahrelang zwei Arbeitsverhältnisse hatte, um uns besser durchfüttern zu können. Von acht bis vier Uhr in einer Versicherungsanstalt für bäuerliche Arbeitskräfte, von fünf bis elf Uhr nachts in der Redaktion einer Zeitung.

Mit der Pädagogik der Frau Walch war meine Mutter nicht restlos einverstanden. Sie hatte den Eindruck, ich würde zu sehr verwöhnt, was auch stimmte. Nur in einem Punkt war die Frau Walch unerbittlich streng. Ohne diese Strenge wäre mein Leben anders verlaufen.

Als mich die Frau Walch bei einer kindlichen Lüge ertappte, das erste und einzige Mal, wurde sie so böse, daß ich den Vorfall niemals vergaß. Die Wahrheitsliebe der Frau Walch ging so

weit, daß sie den Hitlergruß, der ihr widerwärtig war, nicht in
der vorgeschriebenen Weise über die Lippen brachte. Sie ver-
schliff, wenn die Situation ihr keinen anderen Ausweg ließ, das
geforderte «Heil» sehr geschickt mit einem «Scheiß»-Hitler zu
einem Laut, der beides bedeuten konnte. Im April 1938 gab sie
eine Neinstimme zum Anschluß Österreichs an das Deutsche
Reich ab, wie auch meine Mutter. Von der sogenannten Volksabstimmung kamen die beiden Frauen niedergeschlagen nach
Hause. Die Frau Walch hielt eher zu den Roten, meine Mutter
zu den Schwarzen. Im Widerstand gegen den Nationalsozialismus waren sie einer Meinung.

Dem achtjährigen Bubi blieben diese Zusammenhänge verborgen. Bald nach der Volksabstimmung wurde ich zur Erstkommunion geführt, in die Breitenseerkirche am Laurentius-
platz. (Der heilige Laurentius soll im Jahr 258 n. Chr. auf einen
glühenden Rost gelegt worden sein, wegen seines christlichen
Glaubens; seitdem wird der gemarterte Mann stets mit dem
Grilleisen dargestellt, zur Erinnerung an seine Widerstands-
kraft.) An die Erstkommunion habe ich keinerlei Erinnerung.
In der Schule hatte ich keine Probleme. Meine Lehrer hatten
mich bald durchschaut. Sie schrieben in mein Zeugnis: Begab-
ter, eifriger, aber vorlauter Schüler.

Heute erscheint mir die Frau Walch als Verkörperung des bürgerlichen Selbstbewußtseins. Dessen Einsichten hießen bei den
Franzosen «les lumières», die Lichter, die den Menschen auf-
gingen, als sie sich aus den adligen und klerikalen Verbindlich-
keiten zu lösen begannen. Aufgeklärtes Denken, Industrie und
revolutionärer Eifer, alle drei aus bürgerlichem Haus, haben
bekanntlich das Universum zerschlagen, dessen Gesetze fünf-
tausend Jahre lang gegolten hatten. Danach war die Macht der
Könige und der Priester zu Ende. Ich versuche mir die Fas-
sungslosigkeit der Frau Walch vorzustellen, wenn sie den
Wunsch ihres Bubi erlebt hätte, ein Priester zu werden.

Vielleicht hätte ihre Liebe zu mir sie daran gehindert, mich zu verachten. Nie hätte sie mir verziehen, ihr in der Kutte unter die Augen gekommen zu sein.

Großmama! Du brauchst mir nicht böse sein. Ich habe nicht die Finsternis gesucht, sondern das Geheimnis. Es gibt drei Kräfte auf Erden, sagt der Großinquisitor in «Die Brüder Karamasoff» von Dostojewskij, die imstande sind, das Gewissen dieser schwächlichen Aufrührer auf ewig zu beherrschen, zu ihrem Glücke. Diese Kräfte sind das Wunder, das Geheimnis und die Autorität. Und wir werden einen Kelch erheben, und auf dem wird geschrieben stehen: Geheimnis.

Welches Geheimnis hast du gesucht, Bubi?

Das weiß ich noch immer nicht, Großmama. Du bist ja auch jeden Sonntag in die Hofburgkapelle gefahren, wegen der Sängerknaben und der Musik. Du hast die Priester verachtet und ihre Verrichtungen als Hokuspokus bezeichnet. Aber die Kirchenmusik hast du gerne gehört.

Und was hast du gefunden?

Eine schöne und fromme Lüge habe ich gefunden, Großmama.

Meine lieben ehrwürdigen Herrn, sagte der Herr Regens, in den Seminarjahren müssen wir heraus aus dem Bodennebel, hinauf ins Licht, und später immer höher und höher hinauf in immer reinere und klarere Luft. Wenn Gott Licht gibt, gibt er auch die Kraft.

Wer die Wahrheit tut, kommt zum Licht, sagte der Herr Jesus. Ich bin das Licht der Welt. Wer mir folgt, wird nimmermehr in der Finsternis wandeln, sondern das Licht des Lebens haben.

Der Herr Regens wollte uns zum Herrn Jesus führen, ins Licht. Das wahre Licht, das jeden Menschen erleuchtet. Und das Licht scheint in der Finsternis, und die Finsternis hat es nicht ergriffen. Der Herr Jesus im Evangelium nach Johannes, zu dem ich eine besondere Zuneigung entwickelte, redete von sich als Licht, Wahrheit, Leben. Aus der Wunde in seinem Herzen, dort wo der Soldat mit der Lanze hineingestochen hatte, strömten Blut und Wasser heraus, in einen goldenen Kelch, den der heilige Apostel Johannes bereithielt. Der heilige Apostel Johannes, der Lieblingsjünger des Herrn Jesus, trug die priesterlichen Gewänder, so wie ich sie tragen würde, nach der Handauflegung im Dom zu Sankt Stephan. Der heilige Johannes, das war ich. Ich stand unter dem Kreuz und fing das Blut Christi auf, mit dem goldenen Kelch. So ereignete sich das Geheimnis des Glaubens.

Ich lauschte den letzten Reden des todgeweihten Herrn Jesus am Abend des Gründonnerstags im Abendmahlssaal zu Jerusalem. Ich werde euch nicht als Waisen zurücklassen. Das Antlitz Christi war von Traurigkeit und unermeßlicher Güte geprägt, so wie Leonardo da Vinci es gemalt hatte, im Dominikanerkloster Santa Maria delle Grazie in Mailand. Ich gehörte zum engsten Kreis. Ich gehörte zu denen, die Jesus zu Menschenfischern machen würde. Gehet hin in alle Welt und prediget das Evangelium jeglicher Kreatur. Die Apostel hatten erprobten Männern die Hände aufgelegt und sie damit zu ihren Nachfolgern bestimmt, zu Bischöfen und Priestern nach der Ordnung des Melchisedech, und diese hatten wiederum so getan und die Gewalt weitergegeben, so daß eine Kette entstanden war, die reichte bis nach Wien, wo jedes Jahr am Fest der Apostelfürsten Peter und Paul junge Männer zu Priestern geweiht wurden, nach der Ordnung des Melchisedech, König von Salem und Priester des Höchsten.

Denn es steht geschrieben: Christus aber, gekommen als Hoherpriester der künftigen Güter, ist mittels seines eigenen Blutes ein für allemal in das Heiligtum hineingegangen und hat eine ewige Erlösung erlangt.

Priesterliche Gesten mußten es demnach sein, mit denen der Herr Jesus während des Letzten Abendmahls sich den Seinen zur Speise und zum Trank angeboten hatte. So war das Geheimnis des Glaubens in die Hände der Priester gelangt, welche dasselbe taten wie einstmals der Heiland, wiederholend die Worte der Wandlung zum ewigen Eingedenken seiner Heilstat.

Der Herr Regens trug seine Glatze und seinen Bauch mit Würde und aß gern Zwetschkenknödel. Er las «La Croix», eine katholische Zeitung aus Frankreich, die er abonniert hatte. Im Kirchenrecht und in der Moraltheologie war er ebensogut beschlagen wie die Universitätsprofessoren. Als Domprediger hatte er eine volle Stunde auf der Kanzel stehen müssen, ohne Lautsprecheranlage. Zu den Priesterstudenten sprach er in der Seminarkapelle, hinter einem Tischchen im Altarraum, auf dem eine Leselampe stand, damit der Herr Regens seine Unterlagen besser entziffern konnte. Es war gestattet, sich Notizen zu machen. Sacerdos alter Christus, pflegte der Herr Regens zu sagen. Priesterideal und Christusbild sollten zu einer einzigen Leitfigur verschmelzen.

Mir nach, spricht Christus unser Held, sangen wir in der Kapelle. Verleugnet euch, verlaßt die Welt. Der Frühstückskaffee wäre ohne Selbstverleugnung ungenießbar gewesen.

In der Bibel ist zu lesen, daß der Priesterkönig Melchisedech den Erzvater Abraham segnete, im Tal Schawe. Brot und Wein habe er bei dieser Gelegenheit «herausgebracht». Von wo, steht in der Bibel nicht geschrieben. Im Psalm 110 findet die Begegnung Abrahams mit Melchisedech ein feierliches Echo, in einem Gottesschwur. Du bist Priester auf ewig nach der Ordnung des Melchisedech. Ob damit der König David gemeint war oder der versprochene Messias, läßt sich nicht ohne weiteres entscheiden. Auf alle Fälle durfte ich den Spruch auf mich beziehen. Meine Auserwählung war unwiderruflich. Das Sakrament der Priesterweihe verleiht dem Empfänger ein unauslöschliches Siegel, eine dauernde geistliche Gewalt. So hatte das heilige Konzil von Trient entschieden, in der 23. Sitzung am 15. Juli 1563. Sollte einer behaupten, die Priesterweihe wäre kein vom Herrn Christus eingesetztes Sakrament, sondern lediglich eine menschliche Erfindung, dann sei er verwunschen. Länger als tausend Jahre hatte es gedauert, bis die heilige Mutter Kirche zur letzten Klarheit über die Zusammenhänge zwischen dem Priestertum Christi und dem Priestertum seiner irdischen Diener gelangt war. Halb Europa hatte sich von Rom losgesagt und den Unterschied zwischen Klerikern und Laien geleugnet. In den Vorlesungen an der katholisch-theologischen Fakultät der Universität Wien lernte ich, daß dies ein gefährlicher Irrtum war. Die Vorlesungen sorgten dafür, meine Gedanken über die göttliche Fundierung des katholischen Priestertums zu klären, zu ordnen und zu festigen. Der Herr Regens sorgte dafür, daß ich demütig blieb, stets eingedenk meiner Fehler und Schwächen, die mich daran hinderten, ganz und gar ein Priester nach dem Herzen Jesu zu sein.

In meinen Aufzeichnungen während der Exerzitien zur Vorbereitung auf die Priesterweihe steht der merkwürdige Satz: Die Liebe zu IHM ist meine Legitimation. Der geliebte Herr Jesus, an den ich dabei dachte, sollte mir später die Legitimation meiner priesterlichen Existenz gründlich zerstören. Aber das wußte ich im Juni 1954 noch nicht.

Im Frühjahr 1966 veröffentlichte «Der Spiegel» eine Serie von Artikeln über den aktuellen Stand der bibelwissenschaftlichen Debatte um die Gestalt und das Wirken Christi. Virulent geworden war die Geschichte durch eine «Großkundgebung» in der Dortmunder Westfalenhalle, zu der 22000 beunruhigte evangelische Christen gekommen waren, um den biblischen Jesus vor den Universitätsprofessoren an den theologischen Fakultäten in Schutz zu nehmen, die aus ihm ein großes Fragezeichen gemacht hatten.

Mein Immunsystem gegen die Bibelkritik war damals durch die Aufregungen erheblich geschwächt, die das Zweite Vatikanische Konzil (1962–1965) im Körperhaushalt der Mutter Kirche verursacht hatte. Erschrocken las ich deshalb die neuesten Nachrichten vom Sinnen und Trachten Rudolf Bultmanns, der damals noch lebte und dessen Autorität auch für mich außer Frage stand. Bultmann: «Daß für mich die Berichte über eine körperliche Auferstehung Jesu Legende sind, ist richtig.» Dazu notierte ich: Mit Legenden kann man in einer gebildeten Gesellschaft keine Großkirche machen.

Vom Erdenwallen des Heilands der Christenheit blieb nach den Analysen der Fachleute nur wenig an historisch einigermaßen gesicherten Tatsachen übrig: Es war anzunehmen, daß der Nazarener zur Nachfolge aufrief und eine kleine Schar von Männern und Frauen um sich sammelte, eine Zuneigung zu Frauen und Kindern erkennen ließ, mit deklassierten Personen (Steuereintreibern und Prostituierten) verkehrte, Besessene beruhigte, das Feiertagsgebot und die religiösen Reinheitsvorschriften ignorierte und im Bewußtsein auftrat, von Gott gesandt zu sein. Die Professoren verwiesen die schönen Wunder der Evangelien – die Geburt aus der Jungfrau Maria, das Wandeln auf dem Wasser, die Vermehrung der Brote, die Auferweckung des Lazarus – ins Reich der Legende. Für den christlichen Glauben seien diese Ausschmückungen belanglos, meinte Bultmann und eine stattliche Reihe anerkannter Kapazitäten evangelischer Konfession.

Ende November 1966 bekam ich Gelegenheit, meine Betroffenheit publik zu machen, in einer Diskussionssendung des österreichischen Fernsehens über das Thema: Jesus als historische und religiöse Gestalt. Ich erlaubte mir die Frage, warum die Gläubigen im Gottesdienst das Evangelium stehend anzuhören hätten, zum Beispiel die Geschichte vom Besuch der Weisen aus dem Morgenland beim neugeborenen Christkind, wenn es sich dabei lediglich um orientalische Märchen handle.

Der Kardinal zeigte sich öffentlich über den Verlauf der Fernsehdebatte bestürzt und ermahnte mich unter vier Augen, im Fernsehen weniger zu rauchen und womöglich nicht im Wiener Dialekt zu reden. Das Professorenkollegium meiner Fakultät wies die Äußerungen des Dozenten Holl zurück, da sie sachlich irreführend und anfechtbar sowie in der Form untragbar gewesen seien. Einen Monat später saß ich im Flugzeug nach New York, um im Auftrag des Kardinals ein halbes Dutzend amerikanischer Universitäten zu besuchen. Es ging dabei um die Vorbereitung eines Vortrags, den ich für den Kardinal zu schreiben hatte, über die Herausforderung der Religion durch die modernen Massenkommunikationsmittel.

Angesichts der Macht-Kirche fühle ich mich zunehmend verstört, schrieb ich in mein Tagebuch, ich verfüge über keinen klar erkenntlichen Auftrag mehr. Ich habe dem System gedient und war glücklich darüber, einem System, an dem ich doch beträchtlich leide.

In den ersten Tagen des Jahres 1968 hatte ich den Einfall meines Lebens. Ich saß am Schreibtisch meiner Kaplanswohnung im Pfarrhaus, mit Blick auf die Kirche, bei der Vorbereitung einer Predigt über einen Halbsatz aus dem Evangelium nach Johannes: Die nicht aus dem Blute, nicht aus dem Begehren des Fleisches, nicht aus dem Begehren des Mannes, sondern aus Gott gezeugt sind.

Ich kannte den Vers auswendig. Er gehört in eine Passage des Johannesevangeliums, die am Schluß jeder katholischen Messe rezitiert wurde. Ich war gewohnt, den Vers als Absage an die Fleischeslust zu verstehen. Ist Johannes der Meinung, so wollte ich die Gläubigen fragen, die Geschlechtlichkeit schließe von der Kindschaft Gottes aus? Gegen diese Auslegung hatte ich starke Widerstände. Sie hätte mich gezwungen, ein Prinzip zu verkündigen, das mir selber heftige Probleme machte. Zwar lebte meine heimliche Geliebte in einem anderen Bezirk Wiens und würde nicht unter meiner Kanzel sitzen. Aber der Gedanke an sie genügte, um die lustfeindlichen Töne zum Verstummen zu bringen. Ich mochte nicht heucheln. Immer noch war die gebieterische Stimme der Frau Walch zu vernehmen, auch im Kaplanszimmer: Lüg nicht, Bubi!

Der befreiende Gedanke, der mir dann kam, hat mein Leben verändert. Ich schrieb: Möglicherweise will der Evangelist sagen, diese Familiengeschichten, Vater, Mutter, Kinder, Großeltern, Tanten, Erziehung – für die Macht, Kinder Gottes zu werden, sind sie belanglos. Im Johannesevangelium, schrieb ich weiter, fehlt so gut wie jeder Hinweis auf das, was wir Kirche nennen. Was uns selbstverständlich ist, nämlich durch Geburt zum Mitglied der Kirche zu werden, lehnt das Johannesevangelium ab. Wir lassen die Kinder taufen und machen sie dergestalt zu Katholiken. Für das Johannesevangelium sind die gesellschaftlichen Bande, die Bande des Blutes gleichgültig, jede Gnadenautomatik hört auf. Aus Gott gezeugt werden, das ist eine höchst persönliche Sache.

Am darauffolgenden Sonntag trug ich meine Gedanken den Gläubigen vor. Es war Brauch, daß der Prediger seine Worte mit einem Amen beendete. Die Gläubigen sagten darauf: Vergeltsgott. Auch diesmal sagten die Gläubigen ihr Vergeltsgott ohne Murren. Sie hatten in ihrem Leben schon viele Predigten gehört. Für alle meine Predigten bedankten sie sich bei mir mit ihrem Vergeltsgott. Sonntag für Sonntag prüfte ich auf der Kanzel die wichtigsten Stellen in den vier Evangelien, aus denen etwas über die Einstellung Jesu zur Institution der Familie zu entnehmen war. Das Ergebnis war stets negativ. Ich sagte: Von Jesus ist für eine großkirchliche Familientheologie nichts zu holen. Die Gläubigen sagten: Vergeltsgott. Niemand zeigte mich an.

Im März 1968 wurde mein Selbstbewußtsein als katholischer Priester heftig erschüttert. Ausgelöst wurde das Erdbeben durch die Abhandlung eines katholischen Exegeten über die Einstellung des biblischen Jesus zu den Priestern seiner Zeit. Insgesamt elfmal, so wurde ich belehrt, findet sich das (griechische) Wort für Priester in den vier Evangelien, und nie in zustimmender, gar empfehlender Weise. An keiner Stelle bezeichnete Jesus seine Jünger als Priester. Seine Absicht konnte es nicht sein, daß sie als Kultdiener auftraten.

Damit war, vom Meister persönlich, all das in Frage gestellt, was der Herr Regens in mir aufgebaut hatte. Jesus hatte offensichtlich andere Dinge im Kopf gehabt, als eine Priesterkirche zu stiften. Ich schrieb in mein Tagebuch: Ich bin etwas geworden, was es nach Jesu Lehre gar nicht geben soll, nämlich Priester.

Aber die Toten leisteten Widerstand. Sollten alle Priestergenerationen seit Petrus und Paulus wegen eines einzigen Artikels von 40 Seiten aus dem Stübchen eines deutschen Professors als Scharlatane dastehen, die das Volk an der Nase herumgeführt hatten? Viele ernste Augen blickten mich an, von den Mosaiken und Fresken der alten Basiliken. Sie hatten wie ich einem Geheimnis gedient, das immer noch in den christlichen Kirchen der Welt zelebriert wurde. Waren unsere Verrichtungen am Altar tatsächlich nur ein Hokuspokus, wie die Frau Walch gemeint hatte? Während in Paris die Studenten revoltierten und in Prag die Panzer rollten, prüfte ich sorgsam die biblischen Texte, die etwas über die Einstellung des Nazareners zum Tempelbetrieb verrieten. Das Ergebnis war eindeutig. Das Erbauen von Kirchen und Kapellen, predigte ich zu den Gläubigen, ist vom Evangelium her nicht zu rechtfertigen. Die Gläubigen sagten: Vergeltsgott.

Im April 1969 sollte ich vor einem ökumenischen Arbeitskreis katholischer und evangelischer Theologen in Wien einen Vortrag halten, über Autorität und Autoritätskritik im Neuen Testament. Unter meinen Zuhörern saßen etliche Universitäts-professoren von internationalem Ruf. Wenn meine Theorie, wie sie im Lauf des Vorjahres entstanden war, vor diesem Gremium Gnade fand, hatte sie einen wichtigen Test bestanden.

Meine These lautete: Jesus war ein sozialer Außenseiter, und die ersten Christen lebten ebenfalls im Widerspruch zum Normengefüge ihrer Umgebung.

Dabei stützte ich mich auf drei historische Tatsachen, nämlich die Hinrichtung Jesu, die Regelung der Führungsfrage nach seinem Tod und die Ausbreitung des Christentums in den unteren sozialen Schichten.

Weder zur Institution der Familie noch zum System der politischen und religiösen Herrschaft, auch nicht zur kulturellen Selbstverständlichkeit sozialer Schichtungen hatte der Nazarener ein besonders herzliches Verhältnis entwickelt, behauptete ich vor den Professoren. Jesu Hinrichtung sei ebenso ein Indiz für seinen Nonkonformismus wie die Akzeptanz seiner Lehren unter Sklaven und Hafenarbeitern und die strafrechtliche Verfolgung der Christen durch die römischen Behörden. Eine priesterliche Autorität wäre in den ersten Jahrzehnten nach dem Tod Christi unter seinen Anhängern unmöglich gewesen. Ihre hierarchische Verfassung habe sich die Kirche erst später genehmigt, im Verlauf ihrer Mutation zu einer Staatsreligion.

Zwei Stunden später, nach eingehender Diskussion, hatte ich die Prüfung bestanden. Auch die katholischen Kollegen waren mit meiner These einverstanden. Einer von ihnen, ein Monsignore, dachte laut über die zeitliche Befristung bei der Übernahme kirchlicher Ämter nach, über die Einführung öffentlicher Wahlen bei der Bestellung geistlicher Funktionäre und die Einräumung des Rechtes auf oppositionelles Denken innerhalb der Kirche. Das schriftliche Protokoll der Sitzung schloß mit der Frage: Darf eine Kirche, die selbst Nachfolgerin eines Außenseiters ist, Außenseiter ablehnen?

Sie darf. Vier Jahre später war ich meine kirchliche Lehrbefugnis los, wegen ebenjener These, die im kleinen Kreis akzeptiert worden war. Als sie zum Bestseller geriet, wurden die Kirchenbehörden nervös. Der Kardinal, dessen Huld mir gegenüber sich allmählich zu erschöpfen begann, riet mir zu einem klärenden Nachwort in der nächsten Auflage meines Buches, zur Abmilderung der Behauptung, Jesus habe weder eine Kirche noch die Priester gewollt. Der Kardinal konnte nicht ahnen, daß er gegen die Frau Walch keine Chance hatte.

Seither habe ich öfter über einen Satz nachgedacht, den Dostojewskij seinen Kardinal-Großinquisitor sagen läßt, zum schweigenden Jesus: Wir werden in deinem Namen über sie herrschen und dich nicht mehr zu uns lassen. In diesem Betruge wird auch unser Leiden beschlossen sein, denn wir werden gezwungen sein zu lügen.

Für alle, die gern wissen möchten, wie es in den Köpfen von Respektspersonen aussieht, sei gesagt: Kardinäle aus Fleisch und Blut verfügen über kein tragisches Bewußtsein. Fremd ist ihnen auch jeglicher Zynismus. Das, was sie predigen, glauben sie selbst. Im Mai 1975 stattete mir der Kardinal einen überraschenden Besuch ab, am frühen Nachmittag in meiner Privatwohnung, die ich im Sommer 1973 bezogen hatte. Er blieb eine Stunde und trank Mineralwasser. Der Kardinal trug einen schwarzen Anzug mit Priesterkragen und erkundigte sich nach meinen Plänen für die Zukunft.

Nachdem ich ihm von den beiden Büchern erzählt hatte, an denen ich damals schrieb, stellte mir mein Kardinal ein paar Fragen. Ob ich mich als Christ verstünde. Wie ich die Kirche in der gegenwärtigen Zeit beurteilte. Ob Jesus die Kirche gegründet habe. Ob ich finanzielle Hilfe bräuchte. Welche Auffassung ich von meiner Stellung als Priester hätte.

Ferner gab mir der Kardinal zu bedenken, was der jüdische Gesetzeslehrer Gamaliel über die junge Christengemeinde in

Jerusalem gesagt hatte: Wenn dieses Werk von Menschen stammt, geht es von selber zugrunde. Ist es aber von Gott, so könnt ihr es nicht zerstören.

Als sich der Kardinal zum Gehen anschickte, gestand ich ihm, daß ich immer noch vor ihm Furcht empfände. Das verwunderte den Kardinal. Habe ich Ihnen etwas getan?

Ich bin sicher, daß der Kardinal davon überzeugt war, der göttlichen Wahrheit zu dienen. Jene Fragen, die mich so sehr beunruhigt hatten, vermochten seine Glaubensgewißheit offenbar nicht zu erschüttern. Seine Ruhe ist mir bis heute ein Rätsel geblieben.

Dostojewskij hingegen läßt seinen Kardinal erkennen, daß seine Macht über die Menschen auf einer Lüge beruht. Dieses Wissen macht aus ihm eine tragische Gestalt, deren düstere Kraft gleichwohl so groß ist, daß sie sogar dem auf die Erde zurückgekehrten Christus Widerstand leistet.

Allerdings nur unter vier Augen. Würde der fiktive Kardinal öffentlich gestehen, daß er sich im Widerspruch zum Willen Christi befindet, dann wäre seine Herrschaft ohne göttliche Legitimation, wäre Menschenwerk. Zu ebendieser Auffassung war ich gelangt, im Roman meines Lebens. Ich war der Priester, der alle Welt wissen ließ, daß er ohne Genehmigung des historischen Jesus am Altar stand. Ein Kardinal war ich zwar nicht, aber doch eine Respektsperson mit öffentlichen Befugnissen. Im Juni 1975 wurde ich im Fernsehen eine Stunde lang über die Auffassungen befragt, die ich in meinen Büchern vertreten hatte, über meine Beweggründe, Priester werden zu wollen, über meine Konflikte mit der kirchlichen Obrigkeit, über aktuelle Themen weltanschaulicher Auseinandersetzung wie zum Beispiel die Abtreibungsfrage. Im Eifer des Gefechts zündete ich mir eine Zigarette nach der anderen an und fiel immer wieder in den Wiener Dialekt. Was ich sagte, reizte einen bekannten österreichischen Journalisten so sehr, daß er schrieb: Warum die Amtskirche ihrem Kaplan Holl, der ja für sie ohnehin längst verloren ist, nicht schon den verdienten Eselstritt verabreicht hat, das dürfen wir rechtens als ein Rätsel ansehen. Im Sekretariat des Kardinals häuften sich zahlreiche Protestbriefe erbitterter Katholiken, die harte Disziplinarmaßnahmen verlangten.

Zu jenem Zeitpunkt durfte ich zwar nicht mehr predigen; meiner sonstigen priesterlichen Vollmachten war ich jedoch noch nicht verlustig gegangen. Als im Verlauf des Fernsehgesprächs die Rede auf die kirchliche Geschlechtsmoral kam, wagte ich eine Andeutung, die für einen katholischen Geistlichen eher ungewöhnlich war (und ist). Ich gestattete mir einen diskreten Hinweis auf meine veränderte Einstellung zum priesterlichen Keuschheitsversprechen, nicht nur in der Theorie. Wäre meine Mutter noch am Leben gewesen, hätte ich auf meinen Freimut wahrscheinlich verzichtet, um ihr weitere Aufregungen zu ersparen. Meine Mutter hatte sich in den letzten Jahren ihres Lebens so sehr über meine Gegner aus dem konservativen Lager geärgert, daß sie den Sozialisten ihre Stimme gab. Die Frau Walch hätte an meiner Aufrichtigkeit jedenfalls ihre Freude gehabt. Ich hatte bewiesen, daß der Zwang zur Verschleierung und zur Lüge gelegentlich durchbrochen werden kann, auch von Respektspersonen.

Etliche Jahre später las ich «Der Antichrist» von Friedrich Nietzsche und fand in dem Text den Schlüssel zu meinen Konflikten mit der Priester-Ordnung. Das, was mich an der Jesusgestalt angezogen hatte, wird auch von Nietzsche hervorgehoben: Leben, Licht, Wahrheit als Chiffren für ein Innerstes, dem gegenüber die gesamte Weltwirklichkeit zum bloßen Gleichnis wird. Deshalb steht Jesus, fährt Nietzsche fort, außerhalb der Religion, aller Kultbegriffe, aller Historie, aller Naturwissenschaft, aller Welterfahrung, aller Kenntnisse, aller Politik, aller Psychologie, aller Bücher, aller Kunst; die Kultur ist ihm nicht einmal vom Hörensagen bekannt, er hat keinen Kampf gegen sie nötig; dasselbe gilt vom Staat, von der ganzen bürgerlichen Ordnung und Gesellschaft, von der Arbeit, vom Kriege.

Ganz so weit war ich in meinem Jesusbuch nicht gegangen, aber die Intuition war mir vertraut. Auch ich war dahin gelangt, in Jesus einen heiligen Anarchisten zu sehen.

Die für mich erhellende Wendung hat Nietzsche gefunden, indem er von Jesus sagt: Er macht sich aus allem Festen nichts; alles, was fest ist, tötet.

So gesehen hat mich das Jahrzehnt meiner Konflikte mit der Priester-Ordnung lebendig erhalten. Die rebellischen Züge, die ich unter den Übermalungen der Jahrhunderte im Antlitz Christi entdeckte, entsprachen meiner eigenen Vitalität. Nicht nur in Prag blühte der Frühling, auch in San Franzisko und sogar im päpstlichen Rom. Mädchen und Frauen schüttelten ihre Haare. Jesus trabte auf seinem Eselchen munter dahin, und die alten Mauern schienen zu zittern.

Daß sie stehengeblieben sind, war nicht nur meine Enttäuschung.

Nach meiner Suspendierung brachte ich es nicht über mich, am nächsten Sonntag in eine Kirche zu gehen, um meine Christenpflicht zu erfüllen. Dabei hat sicher mein gekränkter Stolz eine Rolle gespielt. Aber im Ausland, wo mich niemand kannte, in Italien zum Beispiel, hätte ich ohne weiteres eine Messe besuchen und die Hostie nehmen können, die ich so sehr geliebt hatte. Ich habe es nie getan. War ich auf Jesus böse? Im März 1976, nachdem die Entscheidung gegen mich gefallen war, erlebte ich eine zarte Tröstung. Ich war nach Sexten in Osttirol zum Schilaufen gefahren, in weiblicher Begleitung. An einem späten Nachmittag gingen wir in Innichen spazieren und besuchten dabei auch die alte romanische Kirche des Orts. Ich setzte mich in eine Bank und suchte mit meinen Augen das rote Lichtlein über dem Altar, das die göttliche Gegenwart ankündigt. Dann versank die Welt um mich herum. Zusammen mit den mir nahestehenden Menschen wurde ich sachte nach vorne und nach oben gezogen, in ein Umgreifendes, worin die gesamte Menschheit bequem ihren Platz fand, und alle Probleme waren verschwunden, für einige Augenblicke. Ich war in der Ewigkeit gewesen.

In der Zeitlichkeit wurde mein Jesus zu einem Geliebten, von dem ich getrennt worden war. Er ließ sich weiterhin von den Priestern angreifen, als ob nichts geschehen wäre. Die Ordnung des Melchisedech war für mich zu einer frommen Lüge geworden. Sie hatte den Hostienjesus in ihre Gewalt gebracht und eingesperrt. Den Schlüssel zum Gottesleib hatte sie mir weggenommen. Ich mußte ohne Jesus auskommen.

Was den Herrn Regens anlangt, so lebte er während der letzten Jahre seines Lebens zurückgezogen in Mödling bei Wien. Man erzählte sich, daß er die innerkirchlichen Entwicklungen der sechziger Jahre mit Skepsis betrachtete. Bekannt war sein Ausspruch: Laßt mich in der alten katholischen Kirche sterben.

Als mein Name immer häufiger in den Zeitungen stand, erhielt ich eines Tages zu meiner Überraschung ein paar freundliche Zeilen vom Herrn Regens, in seiner schönen Handschrift, mit einer Einladung, ihn zu besuchen. Ich traf einen milden alten Mann, der sich ganz offensichtlich auf mein Kommen gefreut hatte. Die Konflikte um meine Person würden sich schon wieder beruhigen, meinte der Herr Regens. Ich war von einem befreundeten Priester begleitet. Als wir schließlich ins Auto stiegen und davonfuhren, winkte uns der Herr Regens nach. Ich habe ihn nicht mehr wiedergesehen.

4 · Du hast mich ja gerufen

*E*ine Stimme in der Nacht: Samuel! Da muß man aufstehen und zum Alten hinüberlaufen. Hier bin ich. Du hast
mich ja gerufen. Nein, leg dich schlafen. Dann wieder: Samuel! Der alte Priester schüttelt den Kopf. Vielleicht hast du
geträumt, mein Sohn. Zum dritten Mal: Samuel, Samuel!
Jetzt wird der Alte doch stutzig. Wenn es noch einmal ruft,
dann sprich: Rede, Herr, dein Diener hört.

Was da ruft, ist kein Mensch. Man muß nicht Gott dazu
sagen, oder Jahu, wie in der biblischen Geschichte von der Berufung des jungen Samuel zum Propheten. Die Benennungen
der Stimme wechseln. Die Interpretationen wechseln. (Das
hast du dir bloß eingebildet. Das war eine innere Stimme. Dein
Unbewußtes.) Hauptsache bleibt: Gerufen ist worden, und es
war nicht der Alte. Zu jener Zeit, heißt es im Text, wurde selten
gerufen, und auch Gesichte kamen nicht eben häufig vor. Deshalb konnte der Junge auch nicht wissen, wie man mit solchen
Sachen umgeht, und lief zum Alten hinüber. Du wirst geträumt haben.

Die Lampe Gottes war indes noch nicht erloschen, heißt es
im Text. Der Text ist alt, älter als Europa jedenfalls, älter auch
als das Christentum. Die Geschichte, die er erzählt, könnte
auch in der Gegenwart spielen. Sie handelt in einem Heiligtum. Der alte und blinde Priester, der dort amtet, ist zu

schwach, nach dem Rechten zu sehen. Seine beiden Söhne, ebenfalls Priester, verachten die Bräuche. Berufungen und Wahrträume, Stimmen und Visionen sind selten geworden: die Gottheit schweigt. Der Knabe, der den unerwarteten Ruf erhält, vernimmt den Beschluß vom bevorstehenden Untergang der Priester und richtet ihn aus, obwohl er sich fürchtet, dem Alten die Wahrheit zu sagen. Es handelt sich um eine Männergeschichte. Die einzige Frau, die darin eine Rolle spielt, ist die Mutter des Knaben. Wie gesagt, die Geschichte könnte auch in der Gegenwart spielen, zum Beispiel im Jahr 1944. Der Priester hieße dann Anton Panholzer, Pfarrer in dem oberösterreichischen Dorf Kirchberg. Der Knabe wäre dann ich. Berufungen waren selten geworden. Die Lampe Gottes war indes noch nicht erloschen. Rede, Herr, dein Diener hört.

Zunächst mußte ich aus meiner gewohnten Umgebung genommen und in eine Welt versetzt werden, die wenig Abwechslung bot. Im Februar 1944 wurde meine Schule für drei Monate nach Ungarn evakuiert. Meiner Mutter gefiel das überhaupt nicht, und sie erwirkte eine Ausnahme. Ich durfte nach Kirchberg ob der Donau fahren und beim Huf- und Wagenschmied Leopold Jungwirth wohnen, bei dem ich schon öfter in den Ferien gewesen war. Der Bruder des Schmieds, «der Herr Doktor», ein Jugendfreund meiner verstorbenen Großmama, würde mir in den Hauptgegenständen Unterricht geben. Die Nazis hatten ihn zwangsweise in den Ruhestand versetzt. Vorher war er in Wien Gymnasialdirektor gewesen und lebte damals in Neuhaus an der Donau, eine halbe Stunde von Kirchberg entfernt.

Das ebenerdige Haus des Schmieds, mit einer Wohnküche und drei Zimmern, stand auf einer kleinen Böschung am Dorfrand. Unterhalb des Hauses, hineingearbeitet in die Böschung, hatte der Schmied seine Werkstatt. Ich durfte den Blasebalg treten, wenn ein Pferd zum Beschlagen gebracht wurde. Im

Mund des Schmieds hing meist eine Pfeife. Nach der Arbeit badete der Schmied in der Küche seine schmutzigen Füße in einem Bottich. Er saß dabei auf einem Diwan, und während des Fußbades geriet er gerne in eine Art frommer Verzückung. Dann begann er zu beten. Lautlos bewegten sich seine Lippen, sein Kopf geriet in ein leichtes Zittern, seine Augen verdrehten sich nach oben. Die Frau des Schmieds, eine kleine und scheue Person, kochte inzwischen die Abendsuppe. Die Kinder der beiden, zwei Mädchen und ein Bub in meinem Alter, waren meine Spielgefährten. Dreimal in der Woche wanderte ich zum Herrn Doktor, hinunter nach Neuhaus. Deutsch, Latein, Mathematik. Im März wurde ein Schwein abgestochen. Am Morgen, zu Mittag und am Abend läutete die Gebetsglocke der Dorfkirche zum «Engel des Herrn». Der Engel des Herrn brachte Maria die Botschaft, und sie empfing vom heiligen Geiste. Maria sprach, siehe ich bin die Magd des Herrn, mir geschehe nach seinem Worte. Und das Wort ist Fleisch geworden und hat unter uns gewohnt.

Der Herr Pfarrer von Kirchberg, ein gütiger und heiterer Mann, versorgte mich mit Lesestoff. Ich durfte auf der Geige mitspielen, wenn ein Hochamt oder ein Requiem gesungen wurde. Bald zog es mich auch an den Wochentagen in die Kirche, zur Frühmesse, und der Herr Pfarrer lud mich ein, Ministrant zu werden. Lateinische Responsen waren auswendig zu lernen. Die Bedienung der Handglöckchen, mit denen die Höhepunkte der Messe eingeläutet wurden, mußte geübt werden. Das schwere Meßbuch war von einer Seite des Altares zur anderen zu tragen, die gläsernen Kännchen mit Wein und Wasser hatte man dem Priester zu reichen. Im April schlüpfte ich zum ersten Mal in den roten Kittel und zog das Chorhemd über den Kopf. Im Mai war meine Ausbildung beendet. Ministrare heißt dienen. Rede, Herr, dein Diener hört.

Das Ministrieren gefiel mir so gut, daß ich es in Wien weiter-praktizierte, in der Laurentiuskirche, wo man mich bereits kannte. Dort hielt der Pater Leibold wöchentliche «Pfarrstun-den», die ich seit geraumer Zeit regelmäßig besuchte, auf Wunsch meiner Mutter. Die Religion, das war die stillschwei-gende Absicht, sollte in meinen Diensteifer beim Deutschen Jungvolk ein Gegengift träufeln.

Während des Krieges waren die Kirchen voll. In den abend-lichen Mai-Andachten zu Ehren der Himmelsmutter standen die Mädchen auf der linken, die Knaben auf der rechten Seite des Kirchenschiffs. Dann konnte man hinüberschauen. Herta war größer als ich und um zwei Jahre älter. Als sie mir das erste Mal erlaubte, sie nach der Mai-Andacht bis zu ihrem Haustor zu begleiten, war ich am Ziel meiner kühnsten Gedanken.

Als Ministrant durfte ich nicht zu den Mädchen schauen. Zwischen mir und ihnen befand sich ein niedriges Gitter mit einer Abdeckung aus Holz, die sogenannte Kommunionbank, wo die Hostien ausgeteilt wurden. Das war die Schranke zwischen dem Bereich der Priester und den gewöhnlichen Gläubigen. Bei der Austeilung der heiligen Kommunion hatte ein Ministrant den Priester zu begleiten und hielt dabei eine goldene Tasse unter das Kinn des Gläubigen, damit keine Ho-stie auf den Boden fallen konnte. Gelegentlich leisteten wir uns das Vergnügen, die Mädchen ein wenig mit der Tasse am Hals zu kitzeln.

Nach der Mai-Andacht schlüpften wir in der Sakristei aus unseren Ministrantenkitteln und liefen um die Kirche herum vor den Haupteingang, wo die Mädchen beisammenstanden. In der Sakristei hatten die Mädchen nichts zu suchen, es sei denn sie brachten blühenden Flieder für den Mai-Altar.

Im Juni 1944 ließ ich mich bei der Motor-Hitlerjugend ein-schreiben, von der ich wußte, daß sie keinen Wert auf meine Anwesenheit legte. Im August war ich wieder in Kirchberg. Heute ist mir der Gedanke gekommen, schrieb ich in mein Tagebuch, kleine Aufsätze über hervorstechende Begebenheiten des Alltags zu schreiben. Ich möchte daraus lernen und in späteren Jahren Freude daraus schöpfen.

Im September, wiederum in Wien, schrieb ich: Habe ich mich geändert? Bestimmt! Doch so unmerklich hat Gott das gefügt, daß es schwer ist, es zu erkennen. Eines jedoch erkenne ich klar, daß ich viel mehr Selbstbeherrschung brauche. In tieferen Verkehr mit dem Herrn zu treten, das soll die zweite Aufgabe sein, die ich mir stecke.

Im Oktober hatte ich mir angewöhnt, täglich bei der Frühmesse zu ministrieren. Ich schrieb: Gott gießt seine Gnade über mich aus. Ich lerne beten.

Zu Weihnachten durfte ich zum ersten Mal in die Mitternachtsmesse gehen. Es war wunderschön, schrieb ich in mein Tagebuch. All das äußere Erleben hat mitgewirkt, daß ich wirklich andächtig war und daß das Christkind zu mir gekommen ist.

Am 10. Januar 1945 richtete ich in meinem Tagebuch eine Bitte an den Heiligen Geist: Hilf mir, daß ich erkenne, ob ich Priester werden soll. Amen.

Der Heilige Geist ließ sich nicht drängen. Bekanntlich tastet die göttliche Gnade die menschliche Entscheidungsfreiheit nicht an, zumindest nach katholischer Lehre. Vielleicht war die Willensregung des Ministranten zu schwach, um sich gegen die vielen Ablenkungen zu behaupten, die ihn beschäftigten. Da gab es ein Terrarium mit einem eigenhändig gefangenen Feuersalamander, eine Briefmarkensammlung, einen Fotoapparat. Im Winter übte der Ministrant das Schilaufen, im Sommer Tennis und Leichtathletik. Er ging gern ins Schwimmbad, ins Kino und ins Theater, lernte das Geigenspiel und las die Krimis von Edgar Wallace, fing Käfer und Schmetterlinge. Nach dem Stenographiekurs begleitete er mehrere Male ein Mädchen nach Hause. Sein sehnlichster Wunsch war ein Fahrrad. Zu alledem kam im März 1945 ein Dackel ins Haus. Aber der Heilige Geist blieb auch nicht ganz untätig. Er schickte dem Ministranten ein Buch aus der Pfarrbibliothek, «Charakter» von dem ungarischen Priestererzieher Tihamér Tóth. Das Buch enthielt eindringliche Anleitungen zu einem Leben der Disziplin und Selbstbeherrschung. Zum Beispiel: Ich will Herr meiner Sinne und Gefühle werden. Ordnung schaffen unter meinen Gedanken, zuerst denken und dann reden, erst überlegen und dann handeln. Von der Vergangenheit lernen, an die Zukunft denken, und deshalb die Gegenwart aufs beste benützen. Mit Freuden lernen, ein charaktervolles Leben führen und einst, in der Hoffnung einer ewigen Seligkeit, ruhig sterben.

Der Ministrant schrieb diese Vorsätze in sein Tagebuch, wie einen Leitspruch. Ferner las er «Ringende und Reife» sowie «Kämpfer und Sieger» von dem katholischen Moraltheologen und Schriftsteller Ignaz Klug, neben «Winnetou» und «Old Shatterhand» von Karl May. Ein gewisser Grignion de Montfort, Volksmissionar und Ordensstifter, gestorben 1716, heiliggesprochen 1947, machte ebenfalls seinen Einfluß geltend, in Gestalt eines Büchleins aus seiner Feder, über die wahre Andacht zur heiligen Jungfrau Maria. Im Mai 1945 beschloß der Ministrant, sich Maria zu weihen. Das war auch die Zeit, als zwei Hühner in unsere Wohnung einzogen, ein Geschenk der Tante Mitzi aus Windpassing bei Hollabrunn, einer Freundin meiner Mutter. Jedes Ei, das die Hühner legten, wurde sehnlichst erwartet. Es gibt buchstäblich nichts zu essen, schrieb der Ministrant in sein Tagebuch.

Der Opfermut ist die wichtigste Eigenschaft eines Priesters, sagte der Pater Leibold in der Pfarrstunde.

Die bürgerliche Religion, von der ich modelliert wurde, verlagerte die Erfüllung meiner Sehnsüchte in die Zukunft. Vielleicht würde ich eines Tages am Altar stehen und die Worte der heiligen Wandlung flüstern, wie der Priester, den ich während der Messe bediente. Zwischen meiner Berufung im Jahr 1944

49

und dem Abschluß des Gymnasiums lagen vier Jahre der Selbstreflexion und des Tugendstrebens. Ich wähnte mich auf dem Weg zur Heiligkeit und legte mir dabei jenen Harnisch an, den man braucht, um sozial aufzusteigen.

Unerläßlich dabei war die Gewohnheit der täglichen Gewissenserforschung. Die beste Gelegenheit, sie zu üben, bot die Fastenzeit zwischen dem Aschermittwoch und dem Karfreitag. Sie fing damit an, daß der Mensch ein Aschenkreuz auf die Stirn gezeichnet bekam. Staub bist du und zu Staub wirst du werden. Die Priester trugen violette Gewänder. Für eifrige Seelen gab es eine Art Buchhaltung, mit Rubriken für das Gebetsleben, die guten Werke und die gebrachten Opfer. Am Abend wurden die entsprechenden Eintragungen gemacht. Auf meinen Zetteln gab es Abkürzungen für den Besuch der heiligen Messe, die tägliche Lektüre in einem erbaulichen Buch sowie Plus- und Minuszeichen für gehaltene oder vernachlässigte Vorsätze. Ich hatte mich zu fragen, ob ich pünktlich aufgestanden war, mindestens zwei Stunden gelernt und eine Stunde auf der Geige geübt hatte, zweimal mit dem Hund spazierengegangen und um zehn Uhr abends ins Bett gekommen war. Offensichtlich hatte ich gewisse Probleme mit der Pünktlichkeit, denn sie wurde zum Gegenstand erhöhter Wachsamkeit, immer wieder. Noch schwieriger gestaltete sich das Antrainieren eines gesetzten Benehmens, insbesondere die Unterdrückung meiner Lebhaftigkeit im geselligen Kreis, wenn Mädchen dabei waren. Ansonsten aber gab es manche Erfolge. Meine Körperhaltung wurde straffer. Der Hund freute sich über die regelmäßigen Spaziergänge. Während des Schulgottesdienstes durfte ich ganz allein das Largo von Händel spielen. Der Herr Pfarrer von Breitensee lud mich ein, während der Ferien den Mesner zu vertreten. Unkeusche Vorstellungen wagten sich nur im Traum hervor. Heute auf dem Heimweg, schrieb ich im Dezember 1947 in mein Tagebuch, war großer Friede um mich. Und dann bemerkte ich, daß mich Gott liebt. Ein sehr süßes Gefühl.

Auf die Idee, ein geistliches Tagebuch zu führen, war bereits der englische Theologe John Wesley (gest. 1791) gekommen. Wesley gilt als Begründer der letzten großen Kirchenbildung im christlichen Bereich, der sogenannten Methodisten. Er hielt die täglichen Eintragungen für ein hervorragendes Mittel zur Selbstüberwachung.

Mary Forman, in die ich mich mit 16 Jahren heftig verliebte, war keine Methodistin, aber immerhin eine Quäkerin. Sie war aus den USA nach Wien gerufen worden, um hier einen Jugendklub aufbauen zu helfen. Den Jugendklub in Wien-Meidling besuchte ich gern, nicht nur wegen der Vorträge und Diskussionen; die Quäker hielten meist auch einen kleinen Imbiß bereit. Mit Miß Mary durfte ich Konzerte besuchen und kam mir dabei wie ein Gentleman vor. Hernach machte ich mir schriftliche Vorhaltungen über die sehnsüchtige Ungeduld meiner Verliebtheit.

Nicht einmal im Traum hätte ich gewagt, mir Miß Mary im Naturzustand vorzustellen. Dafür durfte ich für fünf Wochen nach England reisen, im Rahmen eines Austauschprogramms, das die Quäker organisierten. Die Mädchen des Städtchens Loftus in Yorkshire, wo ich den März 1948 verbrachte, ließen sich zu meiner Verwunderung gerne von ihren Freunden betasten und küssen, im Bus während der Heimfahrt von einer Tanzunterhaltung zum Beispiel. Der Jugendklub, dessen Gast ich war, duldete Umgangsformen, die für meinen Geschmack eher locker waren. Besonders verfänglich waren die Abende bei Joan, deren Eltern sich nach dem Essen diskret zurückzogen, damit wir ungestört die Suche nach dem Mörder spielen konnten. Dabei wurden die Lichter gelöscht, und es kam vor, daß sich auf einmal eine weibliche Zunge zwischen meine Lippen drängte, ohne daß ich wußte, wie mir geschah. Zum Tagebuchschreiben blieb in Loftus jedenfalls keine Zeit.

Die Versuchungen in der Pfarrjugend von Wien-Breitensee waren subtilerer Art. Die Unantastbarkeit der Mädchen stand unter dem persönlichen Schutz des Herrn Jesus, dessen Hostienleib wir jeden Sonntag auf die Zunge gelegt bekamen. Im Versammlungsraum des Pfarrheims, wo für uns ein Tanzkurs veranstaltet wurde, hing der gekreuzigte Christus. Er paßte auf, daß wir einander nicht zu nahe kamen. Unter diesen Umständen war es schon viel, wenn man einander beim Foxtrott oder Tango etwas tiefer als sonst in die Augen sah. Ich war sicher, daß Jesus damit nicht einverstanden war.

So füllten sich die Seiten meines Tagebuches mit Gewissensbissen über meine Gefühle während der sonntäglichen Ausflüge in den Wienerwald, die meine Clique häufig unternahm. Dann machten Paul, Otto und ich uns ein Vergnügen daraus, die drei Mädchen zu attackieren, mit denen wir unterwegs waren. Die Jungfrauen wehrten sich hitzig, und hernach schämte man sich ein bißchen. Paul und Otto haben später ihre Freundinnen geheiratet. Ich sollte ledig bleiben. Viele sind berufen, wenige aber auserwählt.

Der Bubi bleibt sicher nicht dabei, sagte Fritz Haschek zu den übrigen Schulfreunden, als sie über meine Absicht redeten, ein Priester zu werden. Nein, der Bubi ist viel zu vital. Der prophetische Spruch fiel im Frühsommer 1948, als die Reifeprüfung herannahte. Meine Klassenkollegen in der 8 B der Bundesrealschule Schuhmeierplatz konnten mit meiner Neigung zum geistlichen Stand nicht viel anfangen. Sie sahen in mir keinen Außenseiter. Zuletzt hatte ich mich als Barkeeper bei einem Tanzkränzchen bewährt, das wir zur Aufbesserung unserer Klassenkasse veranstaltet hatten.

Offensichtlich führte ich ein Doppelleben, ein innerliches und ein äußerliches. Meine Schulfreunde hatten von meinem innerlichen Leben keine Ahnung, im Gegensatz zu meinen Freunden in der Pfarrjugend.

Auch meine Mutter war nicht besonders begeistert, als ich mit ihr über meine Pläne sprach, im Herbst das Priesterseminar zu beziehen. Das wirst du dir gut überlegen müssen, sagte meine Mutter zu mir. Das ist eine Entscheidung fürs Leben. Hernach weinten wir beide.

Der alte Jesuit im Exerzitienhaus Wien-Lainz, wo ich im Juli 1948 nach der bestandenen Matura einige Tage der Stille verbrachte, nahm ein Blatt Papier und teilte es mit einem Tintenstrich in zwei Hälften. In die eine Hälfte sollte ich alle Gründe schreiben, die mir zugunsten des Priesterberufs einfielen; die andere Hälfte war für die Gegengründe bestimmt. Dann noch mal dieselbe Prozedur zur Prüfung einer weltlichen Laufbahn. Das Blatt habe ich aufbewahrt. Die Fragezeichen, die über meinem Leben stehen, sind auf ihm bereits notiert: Berufung durch Gott? Vielleicht gar nicht geeignet für das geistliche Leben? Vielleicht doch zu weltlich?

Der Exerzitienmeister dachte nicht daran, meine Zweifel zu zerstreuen. Er empfing mich viermal täglich auf seinem Zimmer und hielt mir einen kurzen Vortrag, den ich mitschrieb und über den ich dann allein nachzudenken hatte, eine Stunde lang. Woher komme ich und wofür bin ich geschaffen. Zuerst besinnen, dann beginnen. Der Weg zum Himmel ist schmal. Die Schönheit der Seele. Die Sünde, der Tod, das Gericht. In welchem Beruf wirke ich am besten das Heil meiner Seele. Die Vergänglichkeit alles Irdischen. Die Hölle. Nie vergessen, daß ich ein Kind Gottes bin. Das heilige Sakrament des Altares. Die ewige Seligkeit.

Um halb sechs wurde ich geweckt, um sechs war die heilige Messe, um sieben der erste Vortrag mit Betrachtung, um acht das Frühstück. Die Zeit verging äußerst langsam, nicht nur während der Betrachtungen. Die drei Tage im Exerzitienhaus kamen mir wie drei Wochen vor. Hernach wußte ich immer noch nicht, was Gott von mir wollte. Auf der linken Hälfte des Selbstprüfungsblattes hatte ich notiert: Presse oder sonst ein freier Beruf, es braucht nicht immer derselbe sein; herumkommen in der Welt, hinaus in die Welt. Auf der anderen Seite stand der schweigende Jesus. Er suchte Männer, die bereit waren, alles zu verlassen und mit ihm zu kommen.

Meister, was muß ich tun, um ewiges Leben zu erlangen? Halte die Gebote. Du sollst nicht töten, du sollst nicht ehebrechen, du sollst nicht stehlen, sollst Vater und Mutter ehren, sollst deinen Nächsten lieben wie dich selbst. Der Jüngling erwiderte, Meister, das alles habe ich befolgt, was fehlt mir noch? Da blickte ihn Jesus liebevoll an. Willst du vollkommen sein, dann verkaufe alles, was du hast, und gib es den Armen, und komm und folge mir nach.

Das Exerzitienhaus roch nach Dürftigkeit, ungepflegten Männern, lieblos zubereitetem Essen. Ein Jesuit wollte ich ganz bestimmt nicht werden.

Als ich wieder zu Hause war, kam ein Brief meines Geigenprofessors am Konservatorium der Stadt Wien. Lieber Adolf, sag mir, was willst Du eigentlich? Du willst wohl jetzt schon ein Heiliger sein? Mach doch Deine Ausflüge, tobe Dich dabei gut aus, und Deine jungen Drüsen werden sich des Nachts im Traum entleeren. Das muß so sein. Gott wird Dir später, später! wenn er es will, ja nur wenn er es will, die Gnade geben, daß Du all das über Bord wirfst, daß es abfällt von Dir wie der Schuppenpanzer eines Amphibiums. In der Musik soll es Wunderkinder geben, in der Religion gibt es keine.

Carl Johann Perl, 1891–1979, Solobratscher in Mannheim und Dresden, Opernregisseur und Musikkritiker in Würzburg, Geigenpädagoge und Musikwissenschaftler in Berlin und Wien, Herausgeber der Deutschen Augustinus-Ausgabe, Ritter vom Heiligen Grab, Verfasser von «Das Hochamt» und «Das Dresdner Amen», Übersetzer, Gastprofessor in den USA, Vortragender. Seit 1946 war ich Perls Schüler, später sein hochwürdiger, lieber, guter Adolfo. Ich habe ihm eines meiner Bücher gewidmet. In der Villa seiner Mutter in Wien-Mödling, wo er nach dem Krieg mit seiner Frau lebte, standen schöne alte Möbel, duftete es nach dem Rasierwasser, das er selber zusammenmischte. Er erzählte Geschichten von Richard Strauss und Hans Pfitzner, die er persönlich gekannt hatte. Seine Frömmigkeit war kultiviert, seine Einstellung liberal, sein Stil der eines Herrn der alten Monarchie. Als ich ins Priesterseminar eintrat, schrieb er mir: Der Herr segne Deinen wunderbaren Entschluß.

Daß es dazu kam, ist dem Schwung eines Benediktinerpaters mit Namen Laurentius Hora zuzuschreiben. Alles, was ich erlebe, ist nicht aufzuschreiben, notierte ich Ende Juli 1948 während der Exerzitien für junge Männer in dem steirischen Kloster Seckau, die der Pater Hora leitete. Die Benediktiner verstanden sich darauf, das liturgische Geschehen wie ein Fest zu gestalten, mit gregorianischem Choral im romanischen Kirchenschiff. Ich fuhr mit dem Vorsatz nach Hause, meine Skrupel zu beschwichtigen und den Versuch zu wagen, Gott mein Leben zu weihen.

Und so bin ich in die Religion hineingegangen, am 4. Oktober 1948. Der Hund winselte an der Wohnungstür, erzählte mir meine Mutter, weil ich nicht mehr da war. Alles ist dunkel, schrieb ich in mein Tagebuch, nicht einmal die Berufung steht mehr fest. Habe ich alles hinter mir gelassen? An den Sonntagnachmittagen waren Besuche im Priesterseminar gestattet, dann kam die Mutter, und hernach war ich immer traurig. Der Hund freute sich sehr, als ich vierzehn Tage nach meinem Weggang für drei Stunden nach Hause durfte, aber ich fühlte mich bereits wie ein Gast in der vertrauten Wohnung.

Im November gab es den ersten Termin beim Talarschneider. Ich las eine Lebensbeschreibung des heiligen Bruno, der den Orden der Kartäuser gegründet hatte. Das Buch hatte den Titel « Herz in der Wüste ». Das Essen im Priesterseminar paßte zu dieser Lektüre.

Am 18. Dezember begannen die fünftägigen Exerzitien, nach deren Ende den Neuankömmlingen der Talar überreicht werden sollte. Ich sah in den Exerzitien die letzte Chance, zur Klarheit über meine Berufung zu gelangen. Veni Creator Spiritus. Hoffentlich würde auch der Heilige Geist ein Einsehen haben.

Bislang hatte ich keine göttliche Stimme vernommen wie der junge Samuel vor dreitausend Jahren. Eine Gewißheit über meine Erwählung gab es nicht. Auf meine Fragen, wie ich den Willen Gottes erkennen könne, erhielt ich stets die Antwort: Man muß beten. Niemand sagte mir, wenn du Priester werden willst, dann will es auch Gott. Eine derartige Antwort hätte gegen die Souveränität Gottes verstoßen. Das Mysterium des Zusammenwirkens von göttlicher Gnadenwahl und menschlicher Willensfreiheit war von der Kirche wohlweislich nicht restlos aufgeklärt worden. Deshalb die Verlegenheit bei der Definition der Berufung zum Priesterstand. Mein Problem war theologischer Art, und ich habe es ganz allein gelöst, an jenem Dezemberabend während der Exerzitien, als ich am Fenster meines Zimmers im Priesterseminar stand und plötzlich wußte: Du mußt wählen.

Ich habe Christus mein Ja gesagt, schrieb ich danach in mein Tagebuch und zeichnete ein Kreuz neben die Eintragung. Damit war die Frage nach meiner Berufung beantwortet, von mir selbst. Für die nächsten zwanzig Jahre hatte ich Ruhe.

Auch der Herr Studienpräfekt zweifelte nicht an meiner Berufung. Er hatte den Auftrag, unsere Beweggründe zum Eintritt ins Priesterseminar in Einzelgesprächen zu explorieren, zum Zweck der einen oder anderen leichten Kurskorrektur. Als ich ihm sagte, ich wolle Priester werden, um die heilige Messe zelebrieren zu dürfen, wirkte er leicht befremdet. Es wäre ihm offenbar lieber gewesen, ich hätte etwas über die Sorge um die

Seelen der Menschen, das Apostolat und den Dienst für die Aufgaben der Kirche geäußert. Andererseits konnte er mir nicht gut vorwerfen, ich wolle lediglich ein Zauberer werden. Die Wandlungsgewalt im Rahmen der heiligen Messe war längst als Zentrum des katholischen Priestertums definiert. Der prinzipielle Unterschied zwischen dieser Gewalt und den magischen Verrichtungen der Heidenvölker stand außerhalb jeder Diskussion. Insofern ging meine Motivation schon in Ordnung.

Der Herr Studienpräfekt war kein Religionshistoriker. Wie hätte er mich als jungen Ägypter aus der Zeit der Pharaonen identifizieren sollen, der sich zum Dienst am erhabenen Osiris meldete, um viertausend Jahre zu spät, und nicht in Memphis oder Theben, sondern im neunten Wiener Gemeindebezirk, Boltzmanngasse 9? Die Urtümlichkeit meiner Berufung blieb unbemerkt. Denn seinerseits war der Herr Studienpräfekt selber ein Anachronismus, mit seinen feinsten Wurzelfäden tief im Alten Orient, wo die Priesterdienstlichkeit ihren Anfang genommen hatte, lang vor Christi Geburt. Von dort kam der Weihrauch, von dort die Idee, die Jenseitigen als Statuen aufzustellen, von dort das Gewoge der Prozessionen, der Singsang der Litaneien, das Licht der flackernden Lämpchen im Heiligtum, das Gold der Priestergewänder, der ganze Opferbetrieb.

Selbstverständlich hätte sich der Studienpräfekt energisch dagegen verwahrt, mit irgendwelchen Brahmanen oder Lamas in einen Topf geworfen zu werden, mit mesopotamischen, chinesischen, olmekischen Eingeweidebeschauern, Tempelbonzen, Kalenderastrologen. Hatte Gott nicht ein neues Testament gemacht?

Trotzdem würde der Herr Studienpräfekt nichts dabei finden, seines Amtes unter einer Statue der katholischen Himmelsmutter zu walten, einer engen Verwandten der heiligen Isis und all der anderen Gnadengöttinnen des Mittelmeerraums aus der Zeit der Pyramiden. Das System, in dem der

Studienpräfekt und ich funktionierten, hatte nicht durch seinen logischen Aufbau, sondern durch seine Widersprüchlichkeit überdauert.

Für alle Fälle rief mir der Studienpräfekt in Erinnerung, daß zum Priesterdasein nicht nur der Gottesdienst, sondern auch die Seelsorge gehöre. Dann war ich entlassen.

Fürchte dich nicht, mein Junge, schrieb der Priestererzieher Tóth, es wird in deinem Leben unendlich viel Glück und Freude geben. Ein Gebet für angehende Priester, das Tóth in dem Buch «Christus und die Jugend» veröffentlicht hatte, gefiel mir sehr. Es ging so: Gib, daß ich Hirte werde, der das verirrte Lämmlein aus dem Dornbusch holt! Daß ich Fischer werde und nach erfolgloser Mühe langer Nächte auf Dein Wort hin das Netz mit unbekümmerter Freude wieder auswerfe! Gib, daß ich ein Magnet werde, daß niemand sich von Deiner Liebe losmachen kann, der in dessen Bannkreis gerät! Gib, daß ich es verstehe, den Tausenden von leidenden, sich abquälenden sündigen Seelen ein Berater zu sein, ihr tröstender Freund, ihr Arzt, ihr Seelsorger. Und daß ich für all dies nie Anerkennung, nie irdischen Lohn erwarte! Wenn ich aber am Abend von der Last der Tagesmühe ermattet in mein stilles Stübchen trete, wo niemand mich erwartet, niemand mich aufheitert, daß ich dann auf meinen Betschemel hingesunken zu Füßen Deines Kreuzes, aus Deinem gesenkten heiligen Antlitz, aus Deinen milden Augen all meinen Trost, meine Kräftigung, mein Glück herauslesen könne, darum bitte ich Dich, o Herr.

Die Berufung, das hatte der gute Tóth schon richtig erkannt, isoliert den Erwählten. (Oder die Erwählte, wenn man an die tungusischen Schamanen und Schamaninnen denkt, wo ebensoviel Frauen wie Männer berufen werden.) Seine (oder ihre) Erfahrungen werden als Ausnahmen von der Regel erlebt. Mit meinem Jawort hatte ich meine Disposition zum Alleinstehen akzeptiert, unwiderruflich. In Schwarzafrika wäre ich vielleicht ein Medizinmann geworden, in Indien ein Fakir. Im alten Israel wäre womöglich Jahu gekommen, hätte sich vor mein Bett gestellt und gesagt: Ich werde etwas tun, damit jedem, der davon hört, beide Ohren gellen sollen. Im katholischen Österreich lag der Priestertalar für mich bereit. Er war schwarz und hatte viele Knöpfe. Wenn ich ihn auf der Straße trug, schauten mich die Leute irgendwie merkwürdig an.

In absehbarer Zeit werden auch die katholischen Geistlichen mit Weib und Kind durchs Leben gehen. Man wird Frauen die Priesterweihe erteilen. Der Unterschied zwischen Klerisei und Laienvolk wird verschwimmen, die Aura der Erwählung verblassen. Falls ich dann noch am Leben bin, werde ich mich fragen, warum ich mich mit meiner Berufung so sehr abgestrampelt habe. Auch die Schamanen, die Medizinmänner und die Fakire werden allmählich verschwinden, wie die tanzenden Derwische in der Türkei und die Zen-Mönche in Japan.

Das Stigma der Andersartigkeit wird auf den Stirnen der Verunstalteten, der Irren, der Verbrecher bleiben, wie eine verdrängte Erinnerung. Vorzeigbare Ausnahmemenschen – Dirigenten und Heldentenöre, Olympiasiegerinnen, Nobelpreisträger, Primaballerinen und Modeschöpfer – werden weiterhin ihre Berühmtheit genießen.

Es wird so sein wie vor dreitausend Jahren im heruntergekommenen Wallfahrtsort Silo, vierzig Kilometer nördlich von Jerusalem, wo der alte Priester Eli sich über seine beiden mißratenen Söhne grämte. Überirdische Stimmen und Erscheinungen waren sehr selten geworden. Die Lampe im Heiligtum brannte noch.

Wenn es dann doch ruft, gibt es nur eins. In solchen Fällen wird stets eine Antwort erwartet.

5 Geistliches Leben

Der Totenschädel stammte aus einem niederösterreichischen Beinhaus. Ich erhielt ihn im Oktober 1949 von einem Studienkollegen zum Geschenk. Der Mitbruder hatte wie ich eine Schwäche für den heiligen Bruno, den ersten Kartäuser. Der Totenkopf bekam seinen Platz auf meinem Nachtkästchen, zusammen mit einem Zettel, auf den ich geschrieben hatte: Das Eigentliche kommt doch erst. Mein Zimmergefährte im Priesterseminar erhob keine Einwände gegen den Totenkopf, obgleich er die Idee ein wenig überspannt fand. Wir wurden nicht zu Kartäusermönchen, sondern zu Weltpriestern ausgebildet.

Andererseits stammte die erste Einführung ins geistliche Leben, die mir in die Hände kam, aus der Feder eines Kartäusers, der ungenannt bleiben wollte. Schon mehr als einmal hat der weiße, schweigende Mönch aus der Gottesstille zu uns heutigen Menschen gesprochen, schrieb der Herausgeber des Büchleins, ein Jesuitenpater mit Namen Kronseder. Jetzt spricht er wieder zu uns. Der anonyme Kartäuser war auch der Autor des Büchleins «Im Banne der Dreieinigkeit», ebenfalls herausgegeben von Pater Kronseder, im Jahr 1935. Die beiden Bändchen waren Longseller und erlebten auch nach dem Krieg etliche Auflagen. Das geistliche Leben ließ sich vom Krieg nicht erschüttern.

Die Kartäuser gibt es seit dem Jahr 1084. Sie sind immer noch da, mit vierhundert Einsiedlermönchen in achtzehn Niederlassungen. Strenger als sie kann man schwerlich leben. Die Kartause, in der «Das Leben in Gott» verfaßt worden war, heißt La Valsaínte und liegt im schweizerischen Kanton Fribourg. Wir begnügen uns nicht mehr damit, schrieb der ungenannte Kartäuser, unser Tagewerk mit ein paar Gebetlein zu beginnen und zu schließen. Solche vereinzelte Übungen machen kein Leben aus. Leben bedeutet eine anhaltende, dauernde Tätigkeit. Immer, ohne Unterlaß sollen wir mit Gott vereint sein. Er will uns ganz.

Das Programm der Gottverbundenheit, mit dem der Kartäuser winkte, kam aus dem Kloster, der ursprünglichen Heimstätte aller «gaistlichen Leute». So nannte der Volksprediger Berthold von Regensburg (gest. 1272) die Ordensmänner und Nonnen, im Gegensatz zu den gewöhnlichen Pfaffen, die in eher schlampigen Verhältnissen lebten und in der Mehrzahl nicht einmal lesen und schreiben konnten. Es hat fünfhundert Jahre gedauert, bis sich diese armseligen Kirchenpfründner in halbwegs zivilisierte Geistliche verwandelt hatten.

Das geistliche Leben, mit dem ich Bekanntschaft machte, gedieh am besten hinter den schützenden Mauern einer Klausur. Deshalb wurde das Priesterseminar auf klösterliche Weise betrieben. Zwischen dem Wecken um sechs Uhr in der Früh und der Schlafenszeit um zehn Uhr abends sorgte die Tagesordnung für geregelte Abläufe. Um acht Uhr morgens marschierten rund hundert «Alumnen» im schwarzen Talar vom Priesterseminar in der Boltzmanngasse zum Hauptgebäude der Universität an der Ring-Straße, wo die drei Hörsäle der katholisch-theologischen Fakultät auf sie warteten. Die Vorlesungen dauerten bis zwölf Uhr mittags. Die Nachmittage waren für das Studium der Skripten reserviert. Die ersten und die letzten Stunden dienten dem geistlichen Leben.

Zuständig für das geistliche Leben war der Herr Spiritual, ein frommer Priester mit Namen Goldinger, dessen Kopf die Gewohnheit angenommen hatte, in einer leichten Neigung nach rechts zu verharren. Wir nannten diese Haltung den Andachtswinkel. Der Herr Spiritual führte die Neuankömmlinge zunächst in das betrachtende Gebet ein, die Pforte zum geistlichen Leben. Wir sollten lernen, unsere Gedanken bei einem vorgegebenen Inhalt verweilen zu lassen, der biblischen Weihnachtserzählung zum Beispiel. Bekanntlich neigen arbeitsfreie Gedanken zum Herumschweifen, Phantasieren, Tagträumen, also sozusagen zum Müßiggang. Sie dazu zu bringen, sich während der Betrachtung mit Jesus, Maria und Josef zu befassen und nicht mit dem samtenen Mantelkragen des Vordermannes in der Seminarkapelle, bedurfte einiger Übung.

Unsere tägliche Morgenbetrachtung dauerte eine halbe Stunde. Damit wir einen Betrachtungsstoff hatten, hielt uns der Herr Spiritual am Abend vorher einen kleinen Vortrag, die sogenannten «Punkte». Diese Betrachtungspunkte gliederten den jeweiligen Stoff in mehrere thematische Schritte, die den Gedanken einen Faden gaben, an den sie sich halten konnten. Wir notierten uns die Punkte und versuchten am nächsten Morgen, bisweilen mit dem Schlaf kämpfend, uns auf sie zu konzentrieren und uns zu fragen, was sie uns ganz persönlich zu sagen hatten. Die gewonnenen Einsichten sollten in ein stilles Zwiegespräch mit Gottvater, Christus oder der Jungfrau Maria einmünden, wie es der heilige Ignatius von Loyola (1491–1556) in seiner berühmten Schrift über die geistlichen Übungen vorgeschlagen hatte.

Dieser bemerkenswerte Mann, der Begründer des Jesuitenordens, hatte auf knapp hundert Seiten sachlicher Prosa ein Programm zu Papier gebracht, das die katholische Spiritualität bis in die Gegenwart sehr nachhaltig geprägt hat. Unter geistlichen Übungen, schrieb Ignatius, versteht man jede Art, das

Gewissen zu erforschen, sich zu besinnen (meditar), zu betrachten (contemplar), mündlich und im Geiste zu beten.

Vor seiner Bekehrung war Ignatius ein Offizier gewesen. Er kannte den Drill. Nicht nur der Körper muß exerzieren, meinte der Heilige; auch die Seele bedarf bestimmter Übungen, um alle ungeordneten Neigungen von sich zu tun und den göttlichen Willen zu suchen. So bleibt sie fit.

Die schlichteste Form des betrachtenden Gebetes, wurde uns gesagt, bestünde in der bedachtsamen, satzweisen Lektüre eines bestimmten Textes der Bibel. Jeden Satz oder eine zusammengehörige Gruppe von Sätzen ließ man so lange auf sich wirken, im ruhigen Bedenken des Sinns, bis man meinte, weiterlesen zu sollen.

Eine andere Methode aktivierte die Phantasie. Man stellte sich zum Beispiel vor, wie Jesus mit Petrus, Jakobus und Johannes auf den Berg Tabor stieg, wie sein Gesicht zu strahlen begann und auch sein Gewand, wie Moses und Elias erschienen, um sich mit dem Heiland zu unterreden, wie plötzlich eine Wolke die Szene überschattet, wie die Stimme aus der Wolke donnert, Dieser Ist Mein Geliebter Sohn, wie die Apostel zu Boden stürzen, wie Jesus ihnen aufträgt, niemandem etwas von dem zu erzählen, was sie gesehen hatten. Nach einiger Übung konnte es sein, daß das Taborlicht zum Verweilen einlud. Dann schwiegen die Gedanken, und die Aufmerksamkeit blieb auf den verklärten Christus gerichtet, auf das Glück der Verwandlung des hinfälligen Körpers in seine unvergängliche Strahlengestalt, auf den göttlichen Goldgrund der irdischen Wirklichkeit, wie er vorübergehend sich zeigt, um sich dann wieder zurückzuziehen.

Meditar, contemplar. Die Unterscheidung zwischen frommer Besinnung (Meditation) und andächtiger Beschauung (Kontemplation), wie sie Ignatius von Loyola in seinem Exerzitienbüchlein vornahm, setzt eine Rangordnung voraus. Meditation ist gut, Kontemplation besser. Das Verharren im Tabor-licht hat die geschwätzigen Gedanken, auch wenn sie erbau-licher Art sind, unter sich gelassen, wie der Bergsteiger den geschäftigen Lärm drunten im Tal.

Ein Jahrgangskollege, den ich sehr bewunderte, nutzte jede freie Minute zur Kontemplation, sogar während der Vorlesun-gen in der Universität. Dann hörte er mit dem Mitschreiben auf und geriet mit gesenktem Kopf und geschlossenen Augen in eine Versunkenheit besonderer Art. Wir hatten einen My-stiker unter uns. Während wir in den Skripten blätterten, dö-sten oder unter der Bank einen Roman lasen, suchte er die be-ständige Vereinigung mit Gott. Er ist später zu den Kartäusern gegangen, kehrte dann aber wieder nach Wien zurück. Die lan-gen Stunden des gemeinsamen Chorgebets in der Kartause hat-ten ihm zuwenig Zeit für die Kontemplation gelassen. Herbert ist für mich ein mittelalterlicher Gottesfreund, der in eine un-gläubige Zeit versetzt worden ist. Kürzlich sind wir einander nach langer Zeit durch Zufall begegnet, und es gab eine herz-liche Begrüßung. Oft waren Herbert und ich die einzigen Beter in der Seminarkapelle, nach dem allgemeinen Abendgebet. Dann wurden die meisten Lichter gelöscht, und nach einer Viertelstunde knieten nur noch einzelne schweigende Gestal-ten in den Bänken. Das war die nächtliche Stunde der gött-lichen Gegenwart, die Stunde der Bangigkeit unter den Augen einer Instanz, die nicht von dieser Welt ist. Dann begannen die Knie weh zu tun. Ohne Lesestoff, ohne Gebetsformular, ohne Betrachtungspunkte kamen die Gedanken zur Ruhe, und aus dem Seelengrund begannen die Impulse ins schweigende All hinauszugehen. Ohne Gott ist mein Leben eine sinnlose Ein-samkeit, schrieb ich in mein Tagebuch.

Zu einem gediegenen geistlichen Leben gehörte ein ständiger Beichtvater. Meiner hieß Ferdinand Weiß und gehörte dem

Jesuitenorden an. Im Priesterseminar war die wöchentliche Beichte vorgesehen. Wer nicht beim Herrn Spiritual beichten wollte, konnte unter den drei Jesuitenpatres wählen, die an den Freitagnachmittagen ins Haus kamen. Vor den Beichtzimmern bildeten sich gelegentlich kleine Warteschlangen. Es ist mir von Herzen leid, daß ich Gott beleidigt habe, ich will mich ernstlich bessern.

Bald gab ich dem Pater Weiß meine Tagebücher. Nach der Lektüre meinte er, ich sei ein Gefühlsmensch und riet mir zu einer gewissen Vorsicht im Umgang mit mir selbst. Er begann mich zu duzen und sprach von der «vollkommenen Liebe». Damit war er auch mein Seelenführer geworden. Der Beichtvater ist für die Sünden zuständig, der Seelenführer für das Streben nach Heiligkeit. Ich hatte das Zeug dazu, ein Heiliger zu werden, meinte der Pater Weiß. Es ging ihm um mehr als meine kleinen Fehler und Schwächen, deren ich mich in der Beichte anzuklagen hatte und von denen er mich lossprach. Der Pater Weiß wollte mich in die höchsten Höhen des geistlichen Lebens führen, und außerdem hat er mich auf eine sehr scheue Art geliebt. Das erkannte ich allerdings erst viel später, als wir einander längst fremd geworden waren. Das Ende unserer zwanzigjährigen Beziehung war traurig.

Im September 1950 durfte ich mit dem Pater Weiß an einer Pilgerfahrt in die Ewige Stadt teilnehmen, in einem Sonderzug der Marianischen Kongregationen. Die mitreisenden Priester zelebrierten während der Fahrt eine heilige Messe in einem Abteil des Zuges, und ich durfte den Kelch mit dem Blut Christi festhalten, damit er nicht umfallen konnte. Im Gang des Waggons drängten sich die Pilgerinnen mit dem Rosenkranz in der Hand. Dann hielt der Zug in einer Station, in Italien, und ein erschrockener Würstchenverkäufer bekreuzigte sich hastig, als er sich plötzlich Aug in Aug mit dem Pater Weiß sah, der in vollem Ornat vor dem Abteilfenster seine Gebete rezitierte.

Die Nacht vorher hatte ich neben einem jungen Mädchen

verbracht, welches der Pater Weiß in unser Abteil gesetzt hatte. Mir gegenüber saß die Schwester des Fräuleins. Beide waren weitschichtig mit dem Pater Weiß verwandt, und so bot sich ihm die Gelegenheit, mich auf die Probe zu stellen. Seine Regie verwandelte die öden Stunden der langen Fahrt von Wien nach Rom in ein vibrierendes Kontinuum verbotener Zärtlichkeit, bewacht von keuschen Engeln, die selber nicht wußten, ob sie Mann oder Frau spielten.

Unvergeßlich sind mir ferner die wimmelnden Maden im Inneren des Geselchten geblieben, das mir meine Mutter als Proviant mitgegeben hatte und das ich erst in Rom anschnitt, beim Frühstück im Pilgerheim. Auf der Rückreise machten wir in Padua Zwischenstation, und der übermüdete Pater Weiß las eine Messe in der Basilika des heiligen Antonius, wobei er die Wandlung vergaß.

Der Zettel in Maschinenschrift, auf dem der Pater Weiß die wichtigsten Punkte nach der Romreise festgehalten hatte, ist noch immer in meinem Besitz. Erstens, schrieb mein Seelenführer, gab das Benehmen in Rom zu argem Ärger Anlaß, zeigte zu große Selbständigkeit, Eigenwilligkeit, Unabhängigkeit, zuwenig Rücksichtnahme auf die Gemeinschaft. Zweitens ermahnte mich der Pater Weiß, seine Briefe an mich sorgfältiger zu lesen. Drittens versprichst Du mehr, als Du hältst. Viertens können Reisen ins Ausland Dich zu stark absorbieren. Du vergißt Deinen Standort. Fünftens fragte mich der Pater, warum ich monatelang keinen Rechenschaftsbericht über Betrachtung, Gebet, Gewissenserforschung, Trost oder Mißtrost, Tugendstreben abgelegt hätte. Sechstens wurde mir die Wachsamkeit mit den Augen in Erinnerung gerufen. Siebentens registrierte der Pater Weiß meinen Mangel an Einfühlungsgabe, weil Du zuviel von Dir selbst eingenommen bist. In allen sieben Punkten hatte der Pater Weiß den Nagel auf den Kopf getroffen. Offensichtlich wehrte ich mich gegen die Zerstückelung meiner Person, ohne die keine Neugeburt möglich ist.

Es handelte sich um den berühmten Trick mit dem Seil. Der Fakir wirft es vor den Zuschauern in die Luft und läßt seinen Schüler daran emporklettern, bis er den Augen entschwindet. Dann wirft der Fakir sein Messer in die Luft, und alsbald fallen die Glieder des jungen Mannes auf die Erde herab.

Der Schamanenlehrling kann nicht wissen, daß seine zerstückelten Glieder hernach neu zusammengesetzt werden. Er will nicht sterben. Deshalb sprach der Pater Weiß häufig von der Abtötung und schenkte mir eine zierliche Geißel, geflochten aus dünnem Spagat, dessen Schnüre sich an ihrem Ende zu kleinen Knoten verdickten. Es gab Klosterfrauen, die in der Herstellung von Geißeln Erfahrung hatten. Sehr oft habe ich die Geißel nicht benutzt. Irgendwie kam es mir komisch vor, meinen Oberkörper freizumachen und die Geißel über meine linke Schulter auf den nackten Rücken sausen zu lassen. Ich war zu sehr von mir selbst eingenommen, wie der Pater Weiß richtig erkannt hatte.

In mein Tagebuch schrieb ich gleichwohl: Gott will mich ganz. Die Eintragung geschah nach einer Aussprache mit dem Pater Weiß, und sie entsprach bis aufs Wort der Pointe meines unbekannten Kartäusers. Die Idee der vollkommenen Liebe legte die Person auf den Opferaltar, um sie zur Gänze verbrennen zu lassen. Das war das sogenannte Ganz-Opfer, genannt *holocaustum*, in der lateinischen Fassung der Psalmen zum Beispiel. Holocaustum et victimam pro peccato non postulasti. Gott verzichtet auf die Verbrennung geschlachteter Kälber, aber er besteht auf der Erfüllung seines Willens, hundertprozentig. Deshalb hatte ich mich beispielsweise zu fragen, ob meine Freude am Fotografieren dem Willen Gottes entsprach. Die Antwort war negativ. Ich fotografierte trotzdem weiter. Eines Tages, so steht es geschrieben, war der Heiland in ein Dorf gekommen und von einer Frau namens Martha in ihr Haus aufgenommen worden. Maria, die Schwester der Martha, setzte sich dem Meister zu Füßen und lauschte seinen Lehren. Martha, geschäftig um die Bewirtung des Gastes besorgt, ärgerte sich über die untätige Maria. Macht es dir nichts aus, sprach sie zu Jesus, daß meine Schwester die Bedienung mir allein überläßt? Martha, Martha, entgegnete der Heiland, du sorgst und beunruhigst dich um viele Dinge. Notwendig ist nur eins. Maria hat den besten Teil gewählt, der ihr nicht wird genommen werden.

Seit eh und je hatten die Klosterleute das Lob für die beschauliche Maria als göttliche Einladung zum geistlichen Leben interpretiert. Die Weltmenschen, Fotografen zum Beispiel, mußten sich um viele Dinge kümmern, um Belichtungszeiten, Entfernungen, Bildausschnitte. Derlei Schnickschnack lenkte den nach Vollkommenheit strebenden Willen nur ab. Er mußte sich daher auch im Priesterseminar in der «Losschälung» von den kleinen Freuden des Alltags üben. Der gute Bissen bei Tisch, die Lektüre der Tageszeitung, das Billardzimmer. Was ist wirklich notwendig, fragte ich mich in meinem Tagebuch. Erstreckt sich die Askese nicht gerade auf das, was ein normaler Mensch als unabkömmlich für ein gutes Leben ansieht? Die Frankreichreise ist mir doch ein wenig fragwürdig geworden.

Gegen den Besuch eines sechswöchigen Sommerkurses an der katholischen Universität Fribourg in der französischen Schweiz hatte der Pater Weiß nichts einzuwenden. Das Fotografieren hingegen hielt er für überflüssig.

Von Fribourg ist der Weg zur Kartause La Valsainte nicht sehr weit. An einem Samstagvormittag im August 1952 wohnte ich dem Konvent-Amt der Mönche bei, durfte mich danach ein wenig im Kloster umsehen und auch eines der kleinen Häuser betreten, das jeden Kartäuser zum Einsiedler macht. Es stand leer. Sein letzter Bewohner hatte an der Innenseite der Eingangstür ein Andachtsbildchen befestigt. Aus irgendeinem Grund hatte man die letzte Spur dieses verschwiegenen Lebens nicht entfernt. Sie sprach in ihrer Dürftigkeit lauter zu mir als die Biographie des heiligen Bruno, von der ich mich hatte begeistern lassen, und erschreckte mich sehr. Ein vergilbtes Kitschbildchen als einziger Trost für den Nordpolfahrer, inmitten der Schrecken des Eises und der Finsternis. War das die vollkommene Liebe? Warum Gott lieben, schrieb ich in mein Tagebuch, der so fern scheint, warum so sehr auf alle menschliche Wärme verzichten?

Als Du von der wieder einmal empfundenen Einsamkeit sprachst, schrieb mir der Pater Weiß, habe ich Dir darauf leider sehr kühl geantwortet: Bleib lieber allein! Solange Du allein bist, gibt es ein geistliches Leben. Dann nicht mehr. Das waren Worte, hinter denen für mich augenblicklich eine Welt voll tiefsten Leides steht. Aber ich darf nicht sprechen, und dürfte ich, könnte ich nicht, weil es mir die Kehle zuschnürt. Vielleicht hast Du entdeckt, wie meine Gesichtszüge sich in der letzten Zeit merklich veränderten. Oder ist es Dir glücklich entgangen? Wenn die Seele sehr tief erschüttert wurde, vibriert sie lange nach, wie eine Feder, die man überspannt hat, wie die Ähre lang nachzittert, wenn der Sturm in sie gefahren ist. Seitdem habe ich mein Gebet für Dich unzählige Male wiederholt: Herr, laß ihn so bleiben, wie er ist! Was ich eigentlich also am Sonntag wollte? Vielleicht wirst Du Dich etwas wundern. Ich wollte mit Dir aufs Zimmer gehen und dort mich vor Dir niederknien und Dich mit aufgehobenen Händen bitten, nein, nicht bitten, beschwören, nein auch nicht, bestürmen, oder darf ich es sagen, wie ich es spüre, hinausschreien: Adolf, bleib wie Du bist! Bleib doch so, immer, bis an Dein Lebensende, bis Du so, so wie Du bist, vor den ewigen Richter hintreten darfst! O wenn Du wüßtest, wie mir das aus tiefstem Herzen kommt! Wie bange mir oft um Dich ist! Lache nur über mich, Deinen alten Beichtvater, der Dir wohl schon wunderlich vorkommen wird. Aber glaub es, er hat es immer gut mit Dir gemeint, immer nur Dein Bestes gewollt. Dein Bestes!

Im April 1954, als mich dieser Brief erreichte, hatte ich das Priesterseminar bereits verlassen, lebte als Religionslehrer in Wien-Favoriten und wartete auf meine Priesterweihe im Juni. Das, wovor ich mich insgeheim gefürchtet hatte, war Wirklichkeit geworden. Meine Dienstwohnung im Pfarrhaus am Keplerplatz war leer, wenn ich nach der Arbeit die Tür aufschloß. Niemand wartete auf mich. Ich war allein. Allein wie Jesus im Olivenhain des Ölbergs, während die Jünger schliefen. Es erschien aber ein Engel vom Himmel und stärkte ihn, heißt es im Text. In meinem Fall verlief die Sache nicht ganz so übernatürlich.

Der Engel, der mich nach etlichen Jahren des Alleinseins besuchte, hatte einen weiblichen Vornamen und blaue Augen. Der Pater Weiß nahm tapfer den Kampf gegen ihn auf. An diesem Menschenkind, schrieb er mir im Juli 1961, ist Deine seelsorgliche Aufgabe zu Ende. Glaube mir das. Daraus folgt: Weg von diesem Menschen. Nimm Dich in acht! Man nimmt niemand im Auto mit, schon gar nicht feuergefährliche Dinge.

Das Auto, einen Ford Anglia, hatte ich mit einem Darlehen der erzbischöflichen Finanzkammer gekauft. Ich fuhr damit in die Schule, wo ich Religion unterrichtete, und auf die Friedhöfe, wo ich die Toten einsegnete. Der Seelsorge-Klerus hatte sich motorisiert. Unsere Tage begannen um sechs Uhr in der Früh und dauerten meist bis Mitternacht. An den Vormittagen standen wir in der Schule, an den Nachmittagen widmeten wir uns der zusätzlichen Glaubensunterweisung für die Kinder, hielten Ministrantenstunden und erteilten Erstkommunionunterricht. Die Abende verbrachten wir mit den Gruppen der Pfarrjugend, den Männer- und Frauenorganisationen der Katholischen Aktion, mit Familienrunden, Pfadfindern, Bibelkreisen. An den Sonntagen saßen wir im Beichtstuhl, zelebrierten zwei Messen mit Predigt, tauften die Neugeborenen. In den Ferien fuhren wir auf die Zeltlager der katholischen Jungschar. Wir organisierten Tanzabende, Pfarrbälle, Familienurlaube. Dazwischen bereiteten wir uns auf die Predigten vor, besprachen Tonbänder für Lichtbildvorträge, besuchten Geschäftsleute, um Spenden für einen Pingpongtisch zu erbitten, kümmerten uns um Bettler und Obdachlose, reisten zu Tagungen und Fortbildungskursen, hörten verzweifelten Eltern zu, vermittelten seelisch Verstimmten eine Therapie, überwachten die Renovierungsarbeiten in Pfarrkindergärten und Jugendklubs.

Sólo Dios basta, hatte die heilige Teresa von Ávila gesagt. Gott allein genügt. Ich malte den Spruch in Zierschrift auf ein Blatt Briefpapier, zur Erinnerung an das geistliche Leben. Die berühmte Mystikerin war auf ihrem Karren durch ein geruhsames Spanien gerumpelt, um die Karmelitinnen zu reformieren. Ihr Herz wies eine vier Zentimeter lange Narbe auf. Die besondere Gnade der eingegossenen Beschauung. Da bleibt die Seele in ihrem innersten Grunde immer bei ihrem Gott. Meine Seele hingegen war nach dem Weggang aus dem Priesterseminar leider ziemlich ausgegossen. So nannte der Pater Weiß eine der Hauptgefahren des geistlichen Lebens – die Vollbeschäftigung des Bewußtseins durch irdische, weltliche, fleischliche Angelegenheiten. Meine Ausgegossenheit war die Folge meiner beruflichen Arbeit als Seelsorger und Katechet. Die tägliche Betrachtung fiel unter den Tisch, ebenso die abendliche Kontemplation vor dem Tabernakelchristus in der stillen Kapelle. Oft konnte ich mein Brevier mit den lateinischen Psalmen, zu deren Rezitation ich verpflichtet war, erst gegen Mitternacht aufschlagen. Dann wurde das Gebet zum Kampf mit der Schläfrigkeit.

Gegen die Ausgegossenheit sollten die sogenannten Einkehrtage helfen, zu denen ich mich in den ersten Jahren meiner Kaplanstätigkeit gelegentlich aufraffte. Dann fuhr ich abends in den 9. Bezirk, wo die Jesuiten ein Haus hatten, bezog mein Zimmer und verbrachte den nächsten Tag mit Betrachtungen über den Sinn meines Lebens. Mitunter dachte ich dabei an den Psalm, den die Juden in der Verbannung gebetet hatten. An

den Flüssen von Babel saßen wir und weinten. An den Weiden in jenem Land hängten wir unsere Harfen auf. Wie sollten wir singen ein Gotteslied in der Fremde.
Der Psalm endigt mit einer bösen Verwünschung.

Wenigstens alle drei Jahre, so war es vorgesehen, sollte der Weltklerus Exerzitien machen, um sich wieder daran erinnern zu lassen, daß nur fromme Priester mit einem soliden geistlichen Leben der harten Arbeit im Weinberg des Herrn gewachsen seien. Gerne zitierten die Exerzitienleiter einen Vorwurf des strengen Priesterkönigs der Apokalypse: Ich habe gegen dich, daß du deine erste Liebe verlassen hast! Bedenke also, von wo aus du gefallen bist, bekehre dich und tue die früheren Werke. Sonst komme ich über dich und werde deinen Leuchter von seiner Stelle rücken.

Die Original-Exerzitien des Ignatius von Loyola waren für Männer bestimmt, die sich zum Dienst in der «Gesellschaft Jesu» melden wollten, dem von Ignatius gegründeten Orden. Für diese geistlichen Übungen waren vier Wochen vorgesehen, die der Kandidat allein an einem ruhigen Ort verlebte, unterwiesen von einem Exerzitienmeister. Täglich fünf Stunden waren für Meditationen vorgesehen, die einem Plan folgten. Der Plan sollte die lebensentscheidende Wahl zwischen zwei Generälen vorbereiten. Der eine versprach Reichtum und Ehre, der andere Armut und Verachtung. Der Teufel erzog zum Hochmut, der Heiland zur Demut. Beide hatten Fahnen aufgepflanzt, um Truppen zu werben. Die Schlacht würde entscheidend sein.

Die Jesuiten verbreiteten die ignatianischen Exerzitien in der katholischen Welt, mit gutem Erfolg unter barocken und auch unter modernen Andächtigen. Am gebräuchlichsten war die dreitägige Variante. Anreise am Vorabend des ersten Tages, Abreise am Morgen nach dem dritten Tag. Der erste Tag diente der Betrachtung dessen, was dem Leben seinen Sinn verleiht;

der zweite Tag sollte die Seele zur Zerknirschung über ihre Sündhaftigkeit bringen, durch Höllenbetrachtung und Gewissenserforschung; am dritten Tag wurden die Freuden eines gottgefälligen Lebens in leuchtenden Farben geschildert. Der Exerzitienleiter hielt täglich vier Vorträge, zwei am Vormittag und zwei am Nachmittag. Sie dauerten meist eine knappe Stunde. Die Zeit zwischen den Vorträgen verbrachte man mit dem Überdenken des Dargebotenen, faßte gute Vorsätze oder las in einem erbaulichen Buch. Ein kleines Nickerchen nach dem Mittagessen war eingeplant.

Im Priesterseminar standen die jährlichen Exerzitien unter der Spannung des Berufungsgeschehens. Vor den höheren Weihen konnte die Entscheidung, unter der Fahne Christi zu kämpfen, immer noch rückgängig gemacht werden. Ab und zu kam es vor, daß ein Alumne das Haus für immer verließ, freiwillig oder auf Wunsch des Herrn Regens. Ganz ohne Schande war ein solcher Weggang kaum zu bewältigen. Deshalb standen die Exerzitien unter einem binären Code. Auserwählung oder Verwerfung, Askese oder Luxus, Gott oder Teufel.

Die überarbeiteten Kapläne, Religionslehrer und Pfarrer hingegen, die ihrer Exerzitienpflicht nachkamen, hatten keine Wahl mehr zu treffen. Sie kamen sozusagen aus der Schlacht, mit schweren oder leichten Verletzungen, die ihnen der Gegner zugefügt hatte. Es sprach sich bald herum, wenn der eine oder andere Mitbruder ein uneheliches Kind auf dem Gewissen hatte. Die Exerzitienleiter wußten, daß sie mit Strenge allein nicht viel ausrichten würden. Der Vortrag über priesterliche Lebensführung, schrieb ich im Juli 1961 in mein Tagebuch, hat mich heute rasend gemacht. Um fünfzehn Uhr darf nicht zuviel zugemutet werden, die Jause wartet schon. Gehört es denn konstitutiv zum Priester, daß er gern ein bisserl tarockiert, ein bisserl Wein trinkt, am freien Tag spazierengeht – immer ein bisserl von allem sich vergönnt? O Feuerbrand Christi, man zündet mit dir nur noch die Zigarren an. Das stillschweigende

Übereinkommen dieser Exerzitien: Nicht wahr, am ersten Tag eher positiv, dann kommt halt der zweite Tag, ein Tunnel, da muß man durch, ein Schuß Hölle und Tod in den bekömmlichen Trank, mit dem verschmitzten Wissen, daß das eben mit dazugehört. Der dritte Tag eine wohlgefällig schmunzelnde, hie und da mit ernst-nachdenklichen Worten durchwürzte Reflexion über das Reich Gottes – von den ehernen Bibeltexten bis zum Witz über die Pfarrhaushälterinnen (das Gelächter über solch einen hat mich heute vormittag aufgeweckt). Der Rest ist Schweigen. Ich kann verstehen, warum Franz von Assisi bei den Moslems sterben wollte.

Insgesamt werde ich etwa fünfzehnmal in Exerzitien gewesen sein. Unter den Jesuiten, die sie meist leiteten, gab es bemerkenswerte Gestalten – Ordensmänner mit dem trockenen Charme einer kultivierten Geistlichkeit, deren Frommsein intelligent wirkte und hellwach dazu. Ihre Tage waren gezählt. Sie waren die letzten Repräsentanten einer vierhundertjährigen Spiritualität, die mit dem Ende der Neuzeit ihren Geist aufgab. Das Ende der Neuzeit wurde im Jahr 1950 konstatiert, von dem Priesterphilosophen Romano Guardini, mit erstaunlichem Scharfblick. Daß die Diagnose stimmte, stellte sich erst vierzig Jahre später heraus. Die Luft wird klar werden, schrieb Guardini. Auf das Eintreffen dieser Prophezeiung warten wir noch.

Im November 1967 begann in Wien eine Monatszeitschrift zu erscheinen, unter dem Titel «Das freie Wort». Sie brachte es auf maximal 600 Abonnements und hatte ständig mit Geldschwierigkeiten zu kämpfen. Die Seele des Unternehmens war ich. Als Zielgruppe war der Welt- und Ordensklerus des Erzbistums anvisiert. Vielleicht am schwierigsten wird es sein, schrieb ich in der ersten Nummer, einer wohlverstandenen Liberalität in unseren Kreisen zum Durchbruch zu verhelfen. Damit hatte ich recht. Der Jargon Deines Blattes, schrieb mir der Pater Weiß, spricht nur gewisse Kreise an. So werden Probleme nicht gelöst, sondern der Ungehorsam propagiert.

Nach zwei Jahren stellte «Das freie Wort» sein Erscheinen ein. Unser Programm der maximalen Kompromißlosigkeit erscheint uns nicht konsequent durchführbar, verkündete der Leitartikel der letzten Nummer im Dezember 1969. Ich denke täglich an Dich im Gebet, schrieb mir der Pater Weiß im April 1970, daß Du den rechten Weg gehen mögest. Meine Gefühle sind noch die gleichen wie vor zwanzig Jahren, wenn auch durch Enttäuschungen etwas schmerzlicher als damals.

Das war die letzte Nachricht vom Pater Weiß. Zwei Jahre später hatte ich einen merkwürdigen Traum. Ein Huhn flog ohne Flügelschlag mit schnarrendem Geräusch durchs Zimmer. Große, bewegungslose Augen. Ich wußte schon, bald wird es sterben. Dann stieg es kurz höher, stürzte ab wie ein Stein, fiel hörbar hart auf. Aus dem mir zugekehrten Hinterteil wurde Kot gedrückt.

6 Heilige Schriften

Im Arbeitszimmer des Professors stand ein hölzernes Gestell, wie man es sonst nur noch in alten Klosterbibliotheken findet. Ein stabiler Fuß trug eine Pyramide, deren Seiten als Unterlage für die Folianten dienten, die der Professor für seine Arbeit benötigte. Der Professor hieß Albert Mitterer (1887–1966) und war das, was man eine Forscherpersönlichkeit nennt. Das Gestell war eine Sonderanfertigung. Mitterer wohnte im sogenannten Philosophenviertel der Wiener Inneren Stadt, im vierten Stock eines ruhigen Gründerzeithauses, Schellinggasse 5, mit einer Haushälterin, die wie er aus Tirol stammte. Nach Wien war Mitterer 1941 gekommen, als Ordinarius für Fundamentaltheologie an der katholisch-theologischen Fakultät der Universität. Dort bin ich dann sein Schüler geworden.

Ferner befand sich im Arbeitszimmer des Professors ein stattlicher Karteikasten, ebenfalls eine Sonderanfertigung. Darin steckten Tausende Zettel. Auf jedem Zettel war ein Zitat aus den Schriften des Kirchenvaters Augustinus (gest. 430) vermerkt, mit dem Hinweis, wo es in den Schriften des Kirchenlehrers Thomas von Aquin (gest. 1274) auftauchte. Dieses Repertoire gab es nur einmal auf der Welt, und der Professor hätte es gern gedruckt gesehen, wie er mir sagte. Er hatte es erstellt, mit der Hilfe einiger seiner Schüler, um ein Vorhaben verwirklichen zu können, das ihm sehr am Herzen lag – einen Vergleich des naturwissenschaftlichen Weltbildes Augustins mit demjenigen des Thomas von Aquin. An dem Buch, das daraus wurde, schrieb Mitterer mehrere Jahre. Es wurde sein letztes Werk, die siebente Studie seiner «Schriftenreihe zum Wandel des Weltbildes von Thomas auf heute», die er im Jahr 1935 begonnen hatte. Die sicherste Gewähr, schrieb der Professor, gibt die Wahrheit der Sache und die Wahrhaftigkeit der Personen. Texte und Tatsachen haben sich stets stärker erwiesen als alle Widerstände.

Aus diesen Sätzen spricht die Lebenserfahrung eines redlichen Mannes. In Wien hat sich Mitterer immer ein wenig fremd gefühlt.

Für mich war es eine Ehre, als mich Professor Mitterer ermunterte, das theologische Doktorat zu machen. Es geschah dies eher beiläufig, gegen Ende meiner Studienjahre, aber mit einem gewissen Nachdruck. Welche Pläne der Professor mit mir verfolgte, hat er mir erst etliche Jahre später verraten, in seinem Arbeitszimmer, wo ich ihn ab und zu besuchen durfte, nach seiner Emeritierung im Jahr 1958. Damals begann der Professor an einer Schüttellähmung zu leiden. Seine gedrungene Gestalt wurde hinfällig, und er versuchte vergeblich, ein Bein über das andere zu schlagen, auf dem kleinen Sofa im Arbeitszimmer, das ihm als Ruheplatz diente. Ob ich bereit wäre, eine Stelle als Universitätsassistent am dogmatischen Institut unserer Fakultät anzunehmen, fragte mich der Professor im Jahr 1960. Damit begann meine wissenschaftliche Laufbahn. Sie endigte dreizehn Jahre später, mit dem Entzug der kirchlichen Lehrbefugnis. Die Texte und die Tatsachen vertrugen sich nicht miteinander.

Die heiligen Texte, die ich lieben lernte, unterschieden sich von den gewöhnlichen Texten durch ihre Unvergänglichkeit. Sie kamen von Gott, der zu seinem Diener Moses geredet hatte, ferner zu den Propheten und zuletzt durch den Mund seines eingeborenen Sohns. Mit Christus und den Aposteln, den Bewahrern seiner Worte, war die göttliche Offenbarung definitiv abgeschlossen, hatte Papst Pius X. entschieden, gegen die Irrtümer der Modernisten, im Jahr 1907. Was zu sagen war, war gesagt worden, ein für allemal, unüberbietbar. Aufgeschrieben waren die göttlichen Mitteilungen in der Bibel, der Heiligen Schrift des sogenannten Alten und des sogenannten Neuen Bundes, in hebräischer und griechischer Sprache.

Heilig wurde eine Schrift nicht dadurch, daß sie als solche bezeichnet wurde, sondern durch den ehrfürchtigen Umgang mit ihr, im Lauf von Jahrhunderten. Anzunehmen war, daß die Gläubigen einen Sinn dafür entwickelten, welche Texte als göttlich inspiriert zu gelten hatten und welche nicht. Den besten Geschmack für die Heiligkeit eines Textes gewann man dadurch, daß man ihn auswendig lernte, durch häufigen Gebrauch beim Gottesdienst. Die christlichen Mönche sangen die jüdischen Psalmen im Chor, immer wieder. Das war keine Lektüre, sondern die fortwährende Ausübung jener Sprache, die Gott gewählt hatte, um mit den Menschen in Verbindung zu treten. Wer sich dieser Sprache bediente, wurde im Jenseits verstanden. Am besten fuhr man dabei, wenn man sich beim Gottesdienst an den Wortlaut des Originals hielt, allenfalls an die ältesten Übersetzungen. Die Juden rezitierten ihre Heilige Schrift auf hebräisch, die Christen auf griechisch, syrisch, lateinisch oder koptisch. Es war jedesmal ein Risiko, wenn jemand wagte, beim Gottesdienst eine neue Übersetzung der Heiligen Schrift zu verwenden, in einer Sprache, wie sie auch auf dem Markt in Gebrauch stand. Die Jenseitigen gewöhnten sich nur sehr zögernd an veränderte Texte.

Für das Studium der Theologie war die Kenntnis der griechischen und der lateinischen Sprache eine unbedingte Voraussetzung. Latein hatte ich am Gymnasium gelernt, das Griechische mußte ich mir in einem einjährigen Kurs an der Universität aneignen. Dazu kamen Lehrgänge in Hebräisch, Aramäisch, Syrisch und Arabisch. Gott hatte sich im Nahen Osten geoffenbart, nicht in Europa. Keine einzige heilige Schrift war in Europa entstanden. Den ersten Platz bei der Produktion heiliger Schriften hielt zweifellos Indien, aber um Indien brauchte ich mich nicht zu kümmern. Indien gehörte, christlich gesehen, zu den heidnischen Ländern, die vom Licht des Evangeliums noch nicht erleuchtet worden waren. Auch der Koran blieb mir fremd, desgleichen die Predigten Zarathustras, die Lehren des Buddha, die Gespräche des Konfuzius mit seinen Schülern.

Konfuzius hatte gesagt: Ich war fünfzehn und setzte meinen Willen aufs Lernen. Mit dreißig stand ich fest. Mit vierzig zweifelte ich nicht mehr. Mit fünfzig erkannte ich meine Berufung. Mit sechzig war mein Ohr aufgetan. Mit siebzig konnte ich den Wünschen meines Herzens folgen, ohne das Maß zu überschreiten.

Dieser Ausspruch gefiel mir. Das lebenslange Lernprogramm des chinesischen Meisters empfahl die geduldige Aneignung dessen, was in den alten und ehrwürdigen Texten geschrieben stand, nicht das Interesse für Neuerscheinungen. Wenn man Glück hatte, enthüllte der eine oder andere Text beim beharrlichen Studium einen Sinn, der bislang verborgen geblieben war. Auf diese Art hatten die Weisen und die Gelehrten von einst ihr Leben verbracht. Für einen defensiven Charakter wie mich, der die Bücher liebte, lag darin eine starke Anziehungskraft. Was zu sagen war, war längst gesagt worden. Man hatte sich lediglich über die alten Texte zu beugen.

Im Sommer 1950, während der Ferien, saß ich in einer Zelle des Klosters Stams in Tirol und studierte die Schrift «De Ordine» von Aurelius Augustinus, in einem prächtigen Folio-Band der Augustinus-Ausgabe von Saint-Maur (Paris 1679–1700) aus der Klosterbibliothek. Eine Gelbsucht, an der ich damals erkrankt war, ließ lebhaftere Urlaubsbeschäftigungen nicht zu. Die Reflexionen Augustins über die Liebe zur Ordnung stammten aus dem Jahr 386. Stams wurde im Jahr 1273 besiedelt. Vor Gott sind tausend Jahre wie ein Tag. Ich schrieb in mein Tagebuch: Die Augen sind schon etwas weniger gelb.

Augustinus ist der Schöpfer der abendländischen Theologie geworden, schrieb Carl Johann Perl im Vorwort zu seiner Übersetzung von «De Ordine» aus dem Jahr 1947. Perl hatte mein Interesse auf Augustinus gelenkt. In einen Toten tritt man ein wie in eine offene Stadt. Ich trat in den toten Kirchenvater ehrfürchtig ein, sozusagen mit gefalteten Händen. Weite Plätze waren abzuschreiten, hohe Türme zu bewundern. Alles war großzügig gebaut, für die Ewigkeit. Groß bist Du, Herr, und hoch zu loben, groß ist Deine Kraft und ohne Maßen Deine Weisheit. So fingen die «Bekenntnisse» Augustins an, mit dem inständigen Liebesblick des Betenden, dessen Auge nach oben gerichtet bleibt und der mit Gott per Du ist. Und der Mensch will Dich loben, dieser geringe Teil Deiner Schöpfung, der Mensch, der seine Sterblichkeit mit sich trägt, das Zeugnis dafür, daß Du den Stolzen widerstehst, und dennoch will Dich der Mensch loben, dieser geringe Teil Deiner Schöpfung. Es ist Dein Antrieb, daß Dich zu loben erquickt, weil Du uns zu Dir hin erschaffen hast und unser Herz nicht zur Ruhe kommt, bis es ruhet in Dir. Quia fecisti nos ad te, et inquietum est cor nostrum, donec requiescat in te.

Das silberne Latein des Kirchenvaters war imprägniert von der Heiligen Schrift, ihren orientalischen Fremdartigkeiten und Kraftausdrücken, ihren flügelrauschenden Engelscharen, ihren finsteren Abgründen, wo der Wurm nicht stirbt und das Feuer nicht erlischt. Das Latein strömte dahin, mächtig und breit, und die Fragen, die darin auftauchten wie Felsblöcke, wurden von den Wellen mühelos überspült. Crede ut intelligas, lehrte der Kirchenvater. Du mußt glauben, wenn du zur Einsicht gelangen willst.

Die Schrift «De Ordine» hatte der Kirchenvater bald nach seiner Bekehrung zum katholischen Glauben verfaßt, als eine seiner frühesten Arbeiten. Sie war nur ein kleiner Abschnitt in den zehn Folianten der Maurinerausgabe, aber irgendwo mußte ich anfangen zu lesen. Später würde ich mir den «Gottesstaat» vornehmen, in der Übersetzung Perls, die 1951 zu erscheinen begann, und selbstverständlich die «Bekenntnisse» im Original, hernach die Predigten Augustins über das Johannesevangelium, ebenfalls auf lateinisch.

Nach der Augustinus-Lektüre in meiner Zelle marschierte ich in die Kirche, wo die Mönche zur Vesper zusammenkamen. Deus in adjutorium meum intende, sang der Abt mit langgezogener Stimme in die Stille hinein. Domine, ad adjuvandum me festina, antworteten die Mönche. O Gott, komm mir zu Hilfe. Herr eile mir zu helfen. Ein Teil der Mönche war aus Jugoslawien gekommen, vertrieben von den Kommunisten. Die Mönche hatten einen längeren Atem als die Kommunisten. Ob ich nicht ganz nach Stams kommen wolle, fragten mich die Patres, und ich versprach ihnen, mir die Sache zu überlegen. Ich spielte einen Monat lang Mönch. Einmal träumte mir von einem Mädchen im Badeanzug, das ganz allein und traurig in einem Kaffeehaus auf mich wartete. Ich konnte mich ihr nicht nähern, weil ich meinen Talar anhatte. In der Nacht Samenfluß, schrieb ich in mein Tagebuch. Zwei Wegen können wir folgen, schrieb der heilige Augustinus, wenn uns die Dunkelheit der Dinge quält, dem Verstand oder wenigstens der Autorität.

Zurück nach Wien reiste ich per Anhalter.

Im Herbst inskribierte ich das «Fundamentaltheologische Seminar» Professor Mitterers.

Zu dieser wöchentlichen Lehrveranstaltung kamen nur wenige Studenten. Sie dauerte eineinhalb Stunden und gestattete den Teilnehmern einen Blick in die Werkstatt des Professors, der damals in eine gelehrte Kontroverse über die Frage geraten war, ob die Auffassungen des heiligen Thomas von Aquin über den menschlichen Zeugungsakt überholt seien oder nicht. Der Gegner Mitterers hieß Niedermeyer und unterrichtete uns im Fach Pastoralmedizin. Er war von Hause aus Arzt und ein glühender Verehrer des heiligen Thomas. Daß der Aquinate etwas gelehrt haben sollte, was im Licht der modernen Naturwissenschaft ein Unsinn war, kam ihm nicht in den Sinn. Ebendieses aber behauptete Mitterer, sehr zum Verdruß Niedermeyers.

Deshalb saßen wir im Mitterer-Seminar über den fraglichen Texten des engelgleichen Lehrers und studierten dessen Ansichten über die Rolle des männlichen Samens bei der Übertragung der Erbsünde.

Der heilige Thomas von Aquin war noch fleißiger gewesen als der heilige Augustinus. Die Folio-Ausgabe der gesammelten Werke des Aquinaten (Parma 1852–1873) umfaßt 23 Bände. Die zentrale Erhebung dieses gedanklichen Gebirges heißt «Summa theologiae». Alle Fragen der Gottesgelehrsamkeit, die im 13. Jahrhundert aktuell waren, werden darin systematisch erörtert, nach einem Schema, dessen Aufbau die Lust am schlußfolgernden Denken verrät, wie es damals an der Sorbonne oder in Oxford in Blüte stand. Die öffentlichen Disputationen, in denen die Anwärter auf die höheren akademischen Würden ihre Thesen verteidigen mußten, glichen Turnieren, deren Regeln von der aristotelischen Logik gewürzt waren. Alle Menschen sind sterblich. Sokrates ist ein Mensch. Ergo ist Sokrates sterblich.

An den Theologenschulen von Paris, wo der heilige Thomas jahrelang unterrichtete, kämpften die Dominikaner mit Thomas an ihrer Spitze gegen die Franziskaner. Die Franziskaner orientierten sich am heiligen Augustinus, die Dominikaner griffen lieber nach den Schriften des Aristoteles, die um 1250 herum wieder stark im Kommen waren. Die Franziskaner punkteten zunächst gegen die Dominikaner, weil die mißtrauischen Kirchenbehörden mehrere Male mit Verboten gegen das Studium der Aristotelischen Philosophie vorgingen. Dann aber brachten die Dominikaner ihr schwerstes Geschütz in Stellung, in der Gestalt des auch körperlich wuchtigen Predigerbruders Thomas. Dessen Synthese von Glaube und Wissen hob die europäische Gottesgelehrsamkeit auf die Höhe der Zeit, gab ihr neuen Glanz und bestätigte sie ein letztes Mal in ihrer Rolle als Königin des Universitätsbetriebs.

Seitdem waren 700 Jahre vergangen. Für die mittelalterliche Scholastik interessierten sich außerhalb der katholisch-theologischen Fakultäten nur ein paar Spezialisten. Mit seinen Kenntnissen in Physik und Biologie wäre der heilige Thomas durch kein neuzeitliches Gymnasium gekommen. Mitterer wußte das. Er hatte in Brixen, wo er von 1920 bis 1940 am Priesterseminar die christliche Philosophie vortrug, ein Mikroskop erstanden und sich in den modernen Naturwissenschaften umgesehen. Dann fing er an, die verwitterten Steine des mittelalterlichen Weltbildes aus der Glaubenskathedrale des heiligen Thomas behutsam zu entfernen und durch das Baumaterial zu ersetzen, das seit Newton und Darwin üblich geworden war. Das war ein mühseliges Unternehmen, aber der Professor fühlte sich durch den Willen der Päpste gestärkt, die wiederholt angeordnet hatten, das Studium der heiligen Theologie nach der Methode, entsprechend der Lehre und in Treue zu den Prinzipien des heiligen Thomas von Aquin zu organisieren.

So brachten die Nachmittage mit Mitterer in dem stillen Hörsaal nicht nur die Stimme des Aquinaten zum Reden. Auch der strenge Philosoph aus dem vorchristlichen Hellas ließ sich vernehmen, in den Aristoteleszitaten des heiligen Thomas. Dort, wo der heilige Thomas mit Aristoteles nicht zu Rande kam, hatte er seinen Finger auf die Heilige Schrift gelegt und sich auf die göttliche Offenbarung berufen. Alles hatte seine Ordnung. Im Vergleich zu den wenigen Büchern, die zu studieren sich lohnte, verblaßte der Gang der Weltgeschichte zum flüchtigen Schauspiel drittklassiger Akteure, deren Stimmen immer wieder dieselben sinnlosen Befehle wiederholten.

Auf dem Nachhauseweg von der Universität ins Priesterseminar kamen wir am Physikalischen Institut vorbei, wo Erwin Schrödinger gearbeitet hatte. Für die scholastische Theologie war der Lebenslauf dieses Nobelpreisträgers so unerheblich wie die Börsenkurse von Tokio.

Im Oktober 1950 fing mein drittes Studienjahr an, mit dem Privileg, im Priesterseminar ein Einzelzimmer beziehen zu dürfen. Während der ersten beiden Jahre hatten wir unsere Skripten und Bücher in gemeinschaftlichen Sälen durcharbeiten müssen. Jetzt blieben wir während der vorgesehenen Studierstunden auf unseren Zimmern. Die nächsten vier Semester sollten die wichtigsten sein. Dogmatik, Moraltheologie, Neues Testament, Kirchengeschichte. An den Vormittagen saßen wir in den Vorlesungen, an den Nachmittagen ackerten wir uns durch den Stoff. Am Ende eines jeden Semesters wurde geprüft. Wer nicht mitkam, wurde zur Priesterweihe nicht zugelassen.

Der Garten des Priesterseminars war fast schon ein Park, mit gepflegten Wegen und alten Bäumen. Unter dem blühenden Jasmin habe ich die «Mysterien des Christentums» von Matthias Joseph Scheeben (1835–1888), «Schöpfer und Schöpfung» von Theodor Haecker (1879–1945), «Menschwerdung» von Leopold Ziegler (1881–1958) gelesen. Wenn ich aufblickte, sah ich die Fenster der benachbarten amerikanischen Botschaft. Amerikanische, russische, englische und französische Truppen repräsentierten in Österreich die sogenannte Besatzungsmacht. Noch gab es kein Fernsehen. Im Kino wurde «Der dritte Mann» gespielt.

Carl Johann Jellouschek (gest. 1961), unser Dogmatikprofessor, vertrug wegen eines Augenleidens kein helles Licht. Die

Fenster des Hörsaals, in dem er die «Allgemeine Gotteslehre», die «Trinitätslehre» und die «Schöpfungslehre» vortrug, waren teilweise abgedunkelt. Der eher klein gewachsene Mann im Habit eines Benediktiners las stehend aus seinen Aufzeichnungen vor, mit gefalteten Händen. Seine Stimme hob er nur dann, wenn er eine gefährliche Irrlehre erwähnen mußte. Ob eine Irrlehre aus dem 9. oder aus dem 19. Jahrhundert stammte, spielte im Prinzip keine Rolle. Im Prinzip hatten die göttlich geoffenbarten Wahrheiten als unwandelbar zu gelten, enthoben den Veränderungen, wie sie der Gang der Zeit mit sich bringt. Die Unfehlbarkeit der Sätze, die das Göttliche ausdrückten, stand fest. In Gott sind drei Personen. Jesus Christus ist wahrer Gott und wesenhafter Gottessohn. Es gibt sieben Sakramente des Neuen Bundes. Das waren die Dogmen, die wir auswendig lernen mußten. Während der Dogmatikprofessor vortrug, saßen wir im Dämmerlicht des Hörsaals und unterstrichen in unseren Skripten die Dogmen, vier Semester hindurch, acht Stunden pro Woche. Es gab deshalb so viele Dogmen, weil es so viele Irrlehren gegeben hatte. Die Irrlehren mußten immer wieder abgewehrt werden, mit der Hilfe von Formulierungen, um die auf den großen Kirchenversammlungen gerungen wurde. Am wichtigsten waren die Konzilien des ersten christlichen Jahrtausends. Das Konzil von Nikaia, das Konzil von Ephesos, das Konzil von Chalkedon. Wenn einer nicht bekennt, Gottes Wort habe im Fleisch gelitten, sei im Fleisch gekreuzigt worden und habe im Fleisch den Tod gekostet, der sei verwunschen. Ephesos lag längst in Trümmern, die prächtige Stadt Nikaia hatte sich in ein türkisches Dorf verwandelt, aus Chalkedon war Kadiköy geworden, ein Stadtteil von Istanbul gegenüber vom Goldenen Horn. Wo die christlichen Bischöfe getagt hatten, rief der Muezzin zum Gebet. Für die Dogmatik waren solche Details belanglos. Sie folgte in ihrem Aufbau einem Glaubensbekenntnis, dessen Wortlaut seit dem Jahr 381 feststand. Es war von einem Ökumenischen Konzil in

Konstantinopel verabschiedet worden, auf griechisch. *Pisteuomen eis hena theon.* Wir glauben an den einen Gott. (Zuerst
kam die Lehre von Gott dem Einen und Dreipersönlichen.)
Poieten ouranou kai ges. Der alles geschaffen hat, Himmel und
Erde. (Hernach die Lehre von Gott dem Schöpfer.) *Kai eis hena
kyrion Iesoun Christon.* Und an den einen Herrn Jesus Christus. (Sodann die Lehre von Gott dem Erlöser.) *Homologou-
men hen baptisma eis aphesin hamartion.* Wir bekennen die
eine Taufe zur Vergebung der Sünden. (Die Lehre von Gott
dem Heiligmacher.) *Prodokomen anastasin nekron.* Wir erwarten die Auferstehung der Toten. (Die Lehre von Gott dem
Vollender.)

Das Amen am Schluß des Glaubensbekenntnisses si-
gnalisierte seine Gottesdienstlichkeit. Wer sich taufen lassen
wollte, mußte ein Glaubensbekenntnis auswendig lernen, um
vor der versammelten Gemeinde das Zeugnis seiner Recht-
schaffenheit ablegen zu können. Während der Feier der Mysterien sprach die Gemeinde das Glaubensbekenntnis im Chor, als
Antwort auf das Evangelium. Wenn ein Hochamt gesungen
wurde, an den hohen Feiertagen, jubelten die Sänger und Sän-
gerinnen das Credo zum Himmel, von Pauken und Trompeten
begleitet, jedenfalls im katholischen Österreich, wo Haydn,
Mozart, Beethoven, Schubert und Bruckner ihre Orchester-
messen komponiert hatten. Die dogmatische Theologie legte
aus, was die Gemeinschaft der Gläubigen immer schon im Sinn
hatte, wenn sie zum Gebet zusammenkam. Lex orandi, lex cre-
dendi. Das Glaubensbekenntnis war ein Gebet. Die Gemeinschaft der Gläubigen, das war die Kirche. *Eis mian hagian
katholiken kei apostoliken ekklesian.* Und die eine, heilige,
katholische und apostolische Kirche.

Eine einzige ist die universelle Kirche der Gläubigen, außerhalb welcher überhaupt niemand gerettet wird. Auch der Satz,
daß die Zugehörigkeit zur Kirche für alle Menschen heilsnot-
wendig sei, war ein Dogma. Wir unterstrichen den Satz in

unseren Skripten. Gelegentlich überzog der alte Jellouschek ein wenig die Zeit, und wir begannen mit den Füßen zu scharren, um ihn daran zu erinnern, daß wir ein Recht auf die Pause hatten. Das ärgerte den frommen Mann. Er konnte sich nicht vorstellen, daß wir die dogmatische Theologie langweilig fanden.

Wir waren viel zu jung, um die Vorzüge der katholischen Glaubenslehre würdigen zu können. Ihre ästhetischen Qualitäten erschließen sich nur dem ruhig gewordenen Auge, das strenge und klare Proportionen liebt, den Kreis, das Quadrat, das Dreieck, die Pyramide, den Kristall. Die grundlegenden Axiome der Gotteslehre ließen sich in natürlichen Zahlen ausdrücken. Ein Gott. Zwei innergöttliche Hervorgänge. Drei göttliche Personen. Vier reale Beziehungen in Gott. Fünf göttliche Proprietäten. Scharfsinn, logisches Denken und Abstraktionsvermögen erzeugten Distinktionen und Klassifikationen. Tiefsinn, spekulatives Denken und Intuition entwarfen ein Ganzes, dessen Teile sich zum System zusammenfügten, in dem der forschende Geist zur Ruhe kam, wie am siebenten Tag der Schöpfung.

Die Erhabenheit des Systems verdankte sich, vergleichbar dem Lauf der Gestirne, der Anordnung eines Gottes, dessen wichtigste Eigenschaft seine Allmacht war. Seine wahren Absichten waren erst nach und nach hervorgetreten, im Lauf der Heilsgeschichte, die von Abraham über Moses zu den Propheten führte, und hernach zur Menschwerdung seines eingeborenen Sohns, welcher seinerseits die katholische Kirche gestiftet hatte, zum Wohl der gesamten Menschheit und mit einer hierarchischen Verfassung, gegründet auf dem Felsen des Papsttums, und die Pforten der Hölle werden sie nicht überwältigen. Päpste und Bischöfe, Kirchenväter und Theologen hatten sich alle erdenkliche Mühe gegeben, mit dem Beistand des Heiligen Geistes die mitunter schwer verständlichen Gottesgedanken zu verdeutlichen, wobei ihnen die Begriffssprache der spätantiken Philosophie und die Strenge des lateinischen Ordnungsdenkens zu Hilfe kamen. Nach der Fertigstellung des Systems fragte man sich unwillkürlich, welchem Plan seine Eleganz zuzuschreiben war. Die Antwort lag auf der Hand. Selbst die verstocktesten Irrlehrer, deren sich die Kirche zu erwehren gehabt hatte, erwiesen sich im nachhinein als Puppen in der Hand der göttlichen Vorsehung, die sich ihrer bedient hatte, um die Wahrheit deutlicher hervortreten zu lassen. Wir lernten die Ketzernamen ebenso auswendig wie die Beschlüsse der heiligen Konzilien. Das Ende der Wildlinge des Glaubens auf dem Scheiterhaufen war lediglich eine Fußnote der dogmatischen Theologie, sozusagen das Kleingedruckte im Vertragswerk des neuen und endgültigen Bundes Gottes mit den Auserwählten aus allen Völkern und Nationen, auf die am Ende der Tage die ewige Seligkeit wartete. Der Rest war für die Hölle bestimmt. Die ewige Pein der Verdammten verlieh dem dogmatischen System jene gewisse Symmetrie, wie sie vom klassischen Schönheitsempfinden gefordert wird.

Das System war ultrastabil und geschlossen. Gegenüber den neuen Informationen, mit denen sich beispielsweise der Professor Mitterer herumschlug, verhielt es sich prinzipiell abweisend. Zwischen Mitterer und Jellouschek herrschte eine gewisse Spannung.

Dogma, Schriftbeweis, Traditionsbeweis. Das war der Dreitakt, in dem alle Paragraphen der Glaubenslehre abgehandelt wurden. Zuerst kamen die lehramtlichen Sätze der allgemeinen Konzilien, die den höchsten theologischen Gewißheitsgrad für sich beanspruchen durften, als definierte Glaubenswahrheiten, gestützt auf die Autorität des offenbarenden Gottes. Hernach folgte eine Kaskade von Bibelzitaten, aus denen hervorging, daß jedes Dogma in der Heiligen Schrift fest verankert war. Zuletzt marschierten die Kirchenväter und rechtgläubi-

gen Theologen auf, gewissermaßen im Chor, um die Einhellig-
keit und Kontinuität der Arbeit am Glaubenssystem zu bezeu-
gen. So lernten wir, unser Denken an den Autoritäten zu
orientieren, den konziliaren, biblischen, kirchenväterlichen
Aussagen, über die ein Zweifel ausgeschlossen war. Wir lernten die Kunst aller Priester, in Zitaten zu sprechen. Wie beim
Propheten Jeremias geschrieben steht. In der Bergpredigt hat
Jesus gesagt. Das Konzil von Trient betonte gegen Luther.
Thomas lehrte, daß die Erbsünde. Mit jedem Zitat, das wir uns
einprägten, wuchs unsere eigene Autorität.

Im alten Indien blieb es den Brahmanen vorbehalten, die heiligen Schriften zu rezitieren. Deshalb genossen die Brahmanen
die höchste Autorität, als oberste Kaste. Die Priester hüteten
die Schrift, die Krieger trugen das Schwert. So war es überall
der Brauch gewesen, wo sich die feudale Herrschaft in Tempel-
komplexen und Königspalästen konzentrierte. Aber ich lebte
nicht im alten Indien. Der letzte österreichische Kaiser hatte
1918 abtreten müssen. Ich pflegte ein Erbe, das zum politischen
Anachronismus geworden war.

In der Mathematik hatte ich stets schlechte Noten gehabt, bis
zur Reifeprüfung, die ich in diesem Gegenstand nur knapp
schaffte. Während meiner Studienjahre an der Universität und
auch später protestierte ich im Traum immer wieder gegen eine
Verfügung, die mich zur Wiederholung der Reifeprüfung in
Mathematik bestimmte, und immer waren meine Einwände
vergeblich. Als der Angst-Traum Wirklichkeit wurde, hatte ich
bereits meine beiden Doktordiplome erworben und war Universitätsdozent für Religionswissenschaft. Im Jahr 1964 wurde
ich eingeladen, als Scholar in einem Institut zu arbeiten, das
zur Förderung der soziologischen, ökonomischen und politik-
wissenschaftlichen Forschung in Wien gegründet worden war,
mit amerikanischem Geld. Vorbedingung für den Eintritt war
das Bestehen einer schriftlichen und mündlichen Prüfung über

den gesamten mathematischen Lehrstoff der Reifeprüfung. Die Auffrischung des Wissens geschah in einem Paukerkurs, und so fing ich wiederum an, das Rechnen mit Brüchen zu üben, Gleichungen aufzulösen und Integrale zu bilden. Irgendwie bin ich dann durch die Prüfungen gerutscht, und hernach hatte die Qual ein Ende, auch in meinen Träumen.

Am Ford-Institut, wie es genannt wurde, traten die internationalen Kapazitäten der empirischen Sozialforschung auf, Paul Lazarsfeld (gest. 1976) beispielsweise, der wegen seiner jüdischen Abstammung in die USA hatte auswandern müssen und dort zu einem führenden Soziologen geworden war. In den Vorlesungen wimmelte es von latenten Variablen, von Korrelationen, Chi-Quadraten, Vierfeldertafeln und Gaußschen Glockenkurven. Ohne Zählen und Messen, das war die Voraussetzung, kam kein fundiertes Wissen über gesellschaftliche Vorgänge zustande – ob nun von der Wirkung des Fernsehens, der Sexualität im Jugendalter, der Parteipolitik oder dem Massenkonsum die Rede war. Statistische Daten, Fragebogenerhebungen, Tests lieferten das Rohmaterial für eine wissenschaftliche Prosa, deren Aussagekraft auf quantifizierbaren Ergebnissen beruhte, nicht auf göttlichen Offenbarungen oder philosophischen Spekulationen. Das Wissen, das so produziert wurde, war prinzipiell widerrufbar, durch neue Informationen. Niemand redete von ewigen Werten.

In diesem Theater durfte ich nur dann mitspielen, wenn ich den Wissenschaftsbegriff des alten Jellouschek in der Garderobe abgab. Die katholische Theologie arbeitete nach dem Paradigma, der forschende Geist des Gelehrten habe sich mit der Sicherung und Auslegung eines Wissens zu befassen, das prinzipiell abgeschlossen war, hinterlegt in den heiligen Schriften. Das Paradigma der neuzeitlichen Erfahrungswissenschaften hatte Galileo Galilei so formuliert: Miß, was meßbar ist, und was nicht meßbar ist, versuche meßbar zu machen. Die päpstliche Inquisition witterte die Gefahr und brachte Galilei zum

Schweigen. Den Sieg der neuen Forschungshaltung konnte sie dadurch nicht verhindern. Die europäische Allianz zwischen rechnender Vernunft, technischem Genie, Staatsräson und kommerziellem Interesse war stärker als das Beharrungsvermögen der römischen Kurie. Als im Vatikan das elektrische Licht eingeführt wurde, hatte die Theologie als Königin der Wissenschaften längst auf den Thron verzichten müssen. Albert Einstein kam von einer anderen Fakultät.

Während der zwei Jahre am Ford-Institut wurde mir bewußt, daß ich mich am Hof der entthronten Königin langweilte. Meine beiden Dissertationen und auch meine Habilitationsschrift hatten sich mit Detailfragen der Augustinusforschung befaßt. In der Deutschen Augustinus-Ausgabe waren meine Anmerkungen zu den «Bekenntnissen» erschienen. Die «Revue des Études Augustiniennes» in Paris lud mich ein, eine längere Abhandlung zu verfassen. Sie wurde zu einer Auseinandersetzung mit der Religionsphilosophie von Karl Jaspers. Als ich damit fertig war, hatte sich mein Ehrgeiz, ein international anerkannter Augustinusforscher zu werden, ziemlich erschöpft. Der Gedanke an das Gestell in der Wohnung Mitterers, an die Folianten, an den Karteikasten wurde mir mehr und mehr unangenehm. Sollte ich den Rest meiner Tage in der Gedankenwelt eines Kirchenvaters verbringen, der vor 1600 Jahren gelebt hatte?

Im Mai 1966 starb Mitterer. Im Juni hörte ich meine letzten Vorlesungen am Ford-Institut. Zur Augustinusforschung bin ich nicht wieder zurückgekehrt. Ich hatte mich in einen Religionssoziologen verwandelt.

Das fühllose Auge der Möwe...

Mein Freund Heinz Knienieder (1941–1986) liebte diese Beobachtung Robbe-Grillets, und deshalb ist sie mir in Erinnerung geblieben, als geflügeltes Wort sozusagen. Immer noch drückt sie für mich die Kälte des wissenschaftlichen Blicks aus, den ich am Ford-Institut lernte und von dem ich meinte, er sei im modernen Universitätsbetrieb unerläßlich.

Als ich Heinz kennenlernte, arbeitete er an seiner philosophischen Dissertation über den Ehrgeiz der Marx-Lehre, als Wissenschaft anerkannt zu werden. Das Unternehmen wurde zu einem Werk, dessen Fertigstellung zehn Jahre dauerte. Heinz war ein liebevoller, trauriger und unbestechlicher Mensch, entschieden in seinem stillen Zorn auf die konservative Politik und seiner heimlichen Hoffnung auf die Auferstehung des Fleisches, das bessere Leben auf dieser Erde.

Heinz brachte meine Soziologie auf Linkskurs. Ich hatte ihm eine Wohnung in meinem Pfarrhaus besorgt, wo er seine Ruhe vor dem Einberufungsbefehl zum Bundesheer hatte. Zur Mittagsstunde kochten wir gemeinsam ein Essen und redeten über das, was uns interessierte. Ich las ein paar Bücher, die mir von Heinz empfohlen wurden, und erkannte die Kraft des kritischen Denkens von Marx bis Theodor W. Adorno und Max Horkheimer, Ernst Bloch und Herbert Marcuse. Das jüdische Erbe darin kam von den Propheten, die den korrupten Königen ihres Volkes die Leviten gelesen hatten. Die Gottesdienste, die ich zelebrierte, hat Heinz nie besucht. Dagegen erzählte er mir von den Menschen in dem Schnapslokal ein paar Häuser weiter, von den alten Frauen, die dort ihren Tee mit Rum tranken. Auch in meine Frühmessen kamen lediglich alte Frauen.

Im Januar und Februar 1970 besuchte ich eine Reihe kirchensoziologischer Institute in sieben europäischen Ländern, um einen Bericht über ihre Aktivitäten zu schreiben. Den Auftrag dazu hatte ich von François Houtard (geb. 1925), einem belgischen Priester, der an der Universität Löwen das Fach Religionssoziologie betreute. In seiner Umgebung traf ich katholische Geistliche meines Alters, denen die westeuropäischen Kommunisten viel zu weit rechts standen. Einer der Schüler Houtards, der kolumbianische Studentenpfarrer

Camilo Torres, hatte sich Ende 1965 der Guerilla seines Heimatlandes angeschlossen und war wenig später von Regierungstruppen getötet worden. Eines der Bücher aus der Werkstatt Houtards trug den kecken Titel: «Ist die Kirche eine antirevolutionäre Kraft?» Darin wurde ein französischer Bischof zitiert, mit dem Satz: Gott ist nicht konservativ. Houtard selbst flitzte gern in der Welt herum, gründete in Lateinamerika eine Reihe religionssoziologischer Institute, schrieb Gutachten für die katholischen Bischöfe auf Sri Lanka, organisierte Kongresse. Der schwarze Koffer, den ich damals für meine Recherchenreise kaufte, ist noch immer in meinem Besitz.

Österreich hatte keine Kolonien zu verlieren. Dafür war man in einer knappen Autostunde am Eisernen Vorhang, und das dämpfte meine beginnenden Sympathien für Onkel Ho und Che Guevara. Gleichwohl gesellten sich zu den Mühseligen und Beladenen des Evangeliums die Erniedrigten und Beleidigten dieser Erde. Ich schrieb: Das Lied, das Jesus den Armen gesungen hat, kam nicht von oben, wo das Brot verteilt wird. Ohne Parteinahme geht es in der Frage der Klassengegensätze nicht ab, denn auch die unparteilichen Soziologen mit ihren Tonbandgeräten bleiben durchaus auf ihrer Leitersprosse sitzen, während sie darüber reden, daß es solche Rangordnungen gibt. Jesus nimmt Partei, schlägt sich auf eine sehr bestimmte Seite, sicher nicht die der Herren.

Meine ehemaligen Lehrer an der katholisch-theologischen Fakultät der Universität Wien waren über diese Prosa entsetzt. Von ihnen hatte ich eine bedächtigere Art des Umgangs mit der Heiligen Schrift gelernt. Lieber Herr Dozent, schrieb mir der Ordinarius für Neues Testament, Johann Kosnetter, jeder akademische Lehrer, dem unser katholisches Volk sein Kostbarstes zur Erziehung anvertraut, muß wesentlich mehr Selbstdisziplin üben als ein Zeitungsschreiber. Ich würde auf jeden Fall Ihnen den aufrichtigen und freundschaftlichen Rat unterbreiten, der bekanntlich auch den Autofahrern schon manchen lebensgefährlichen Zusammenstoß erspart hat: Vorsicht und Rücksicht.

Die Kirche, schrieb der österreichische Politologe Anton Pelinka, konnte alles in Frage stellen lassen, nur nicht sich selbst. Und die Kirche mußte insbesondere darauf beharren, daß sie selbst zu bestimmen hatte, wer im Namen der Kirche sprechen durfte. Die Zeiten der Öffnung waren, kaum begonnen, auch schon wieder vorbei.

Lieber Adolf, schrieb mir Heinz Knienieder, Du bist mein bester Freund und darum hupf ich Dir ohne viel Wenn und Aber auf der Seele herum. Daß ich Dich trotzdem sehr gerne habe, weißt Du hoffentlich. Also, denk daran: Gott ist tot und läßt Dich herzlich grüßen.

Meine Bibliothek ist nicht besonders sorgfältig geordnet. Es gibt, hinter Glas, die von mir bevorzugten Philosophen, Soziologen und Schriftsteller. Ein Teil der Bücherwand ist für die sozialwissenschaftliche, ein anderer für die religionsgeschichtliche Fachliteratur reserviert. Schließlich gibt es noch ein Regal für die Theologie, und dort steht meine Bibel, ganz links oben. Soviel wie früher hat sie mir nicht mehr zu sagen. Aber wenn ich sie öffne, auf der Suche nach einem Zitat, wirkt sie frischer als das bedruckte Papier von 1960. Auch die Prosa des Aurelius Augustinus hat für mich mehr Substanz als die des sogenannten Soziologenstreits der siebziger Jahre.

Ich habe das geistliche Gewand abgelegt, schrieb Jean-Paul Sartre, aber ich bin nicht abtrünnig geworden: Ich schreibe nach wie vor. Was sollte ich sonst tun?

Das könnte ich auch von mir sagen. Immer noch sitze ich wie ein Mönch in der Zelle, empfinde das stille Glück der Kleriker und Nonnen, die nach dem Frühgottesdienst zu ihren Büchern eilten, in einem mittelalterlichen Konvent. Das ist die priesterliche Heiterkeit, das geistliche Aroma aller Gelehrsamkeit und Schriftstellerei.

Ich wurde ein Verräter und bin es geblieben, schrieb Sartre.
Auch das gilt für mich. Ansonsten hat sich in meiner Einstellung zum Gedruckten nicht sehr viel geändert, seit ich mit
fünfzehn Jahren das «Meßbuch der heiligen Kirche» bekam
und behutsam in den Dünndruckseiten zu blättern begann. Ich
liebte den zarten Duft des feinen Papiers und verband ihn unwillkürlich mit dem Glücksgefühl dessen, der im Heiligtum
dienen darf. Das Gebetbuch benütze ich schon lange nicht
mehr. Aber es duftet noch immer.

7 Wie fürchterlich ist dieser Ort

Der Dom zu Sankt Stephan im Zentrum von Wien steht schon etliche hundert Jahre auf seinem Platz. Im April 1945, als die Russen kämpfend in die Stadt eindrangen, fing der Dachstuhl Feuer und brannte ab. Niemand dachte daran, die Verwüstung des Gotteshauses als Strafe für das «Heil Hitler» zu verstehen, mit dem Kardinal Theodor Innitzer den deutschen Reichskanzler 1938 begrüßt hatte, oder als himmlisches Gericht über den wütenden Antisemitismus der österreichischen Katholiken. Alsbald begannen die Aufräumungsarbeiten, und im Mai 1952 zog der Kardinal Innitzer in den frisch renovierten Dom, um ihn feierlich einzuweihen. Terribilis est locus iste, sang der Chor. Wie fürchterlich ist dieser Ort. Ich schrieb in mein Tagebuch: Gott behüte dieses Land vor dem Unheil.

Der Eröffnungsgesang für die Messe am Tag der Kirchweihe ist ein Zitat aus dem Buch Genesis der jüdischen Bibel. Der Erzvater Jakob, so steht dort geschrieben, hatte während einer Übernachtung unter freiem Himmel von einer Leiter geträumt, auf der die Engel auf und nieder stiegen. Als Jakob aufwachte, hatte er Angst und sprach: Wie fürchterlich ist dieser Ort. Hier ist Gottesbleibe und Himmelspforte.

Der Gottesschrecken ist so alt wie die Religion. Ein Schamane der Eskimo hat für diesen Sachverhalt eine bemerkenswert lakonische Formulierung gefunden: Wir glauben nicht, wir haben Angst.

Und was tat Jakob? Er nahm den Stein, den er zum Lager für seinen Kopf gemacht hatte, richtete ihn als Denkstein auf und goß Öl darüber. Später kehrte er zurück, baute einen Altar und nannte die Stelle Betel, das heißt Haus des El. In den semitischen Sprachen steht El (Ilu, Ila) in der Einzahl für einen bestimmten Gott oder eine Göttin, in der Mehrzahl als Gattungsbegriff für göttliche Wesen beiderlei Geschlechts. Betel, heute Beitin, liegt zwölf Kilometer nördlich von Jerusalem. Ausgrabungen haben eine kontinuierliche Besiedlung ab 2000 v. Chr. nachgewiesen.

Zuerst also der Gottesschrecken. Dann das Öl auf den Stein, zur Besänftigung der anwesenden Mächte gewissermaßen. Schließlich ein Altar, um darauf Ziegen oder Schafe zu schlachten, als Opfer für den El. Man kann den El auch aufstellen, in der Gestalt eines jungen Stieres aus Gold beispielsweise, wie der König Jerobeam tat, ebenfalls in Betel. Wenn dann der Gott ein Dach über seinen Kopf bekommt, hat man einen Tempel gebaut. Jedes Gotteshaus erinnert an den ursprünglichen Schrecken.

Die Dorfkirche in Kirchberg ob der Donau, wo ich das Ministrieren erlernte, war überhaupt nicht schrecklich für mich. Sie umfing mich mit ihren barocken Proportionen und Ornamenten, farbenfröhlich beschwingt. So römisch-katholisch wie das sonnige Italien, wo der päpstliche Hof vor dreihundert Jahren noch einmal den passenden Stil für seine Repräsentationspflichten fand, zur Zeit der ersten Opern und der öffentlichen Verbrennung des Giordano Bruno. So österreichisch wie die Habsburger, von denen der Prinz Eugen die Türkengefahr abgewendet hatte. So merkwürdig schön wie alle abgenutzten Gebilde vergangener Macht, die nicht mehr zu schaden vermag.

Der Glaube, dem ich in der Dorfkirche diente, war siegesgewiß. Er hatte die Protestanten aus den Erblanden verjagt und den Indianern das Kreuz gepredigt, ehe sie in den Silberminen verschwanden. Er liebte den Pomp festlicher Umgänge, die brokatenen Tuniken, das Gemurmel der Litaneien vor gekrönten Marien, den Marmor und das Gold, die Kuppelfresken und die Prozessionsfahnen. Der barocke Glaube hatte jedes gottesdienstliche Detail mit sicherem Geschmack gestaltet. Er schulte meine Augen in der Unterscheidung der Kirchenfarben, meine Ohren im Erkennen der liturgischen Gesänge und Tonarten. Meine Schritte und Bewegungen lernten die Langsamkeit, meine Hände den behutsamen Umgang mit dem heiligen Gerät. Alle Abläufe waren längst festgelegt, nach Regeln, die sich in den Jahrhunderten seit der letzten Liturgiereform auf dem Konzil von Trient im 16. Jahrhundert kaum geändert hatten. Alles war aufeinander abgestimmt, die Architektur, die Malweise der Altarbilder, die Teppichmuster, der Klang der Orgeln und Glocken. Nichts war dem Zufall oder gar der Improvisation überlassen. Jede heftige Geste, jeder unbedachte Blick hätte ein Gleichgewicht gestört, dessen Aufrechterhaltung so selbstverständlich war, daß niemand darüber sprach. Das Gleichgewicht im Gotteshaus war die Antwort auf den ursprünglichen Schrecken. Es durfte keine Überraschungen geben.

Rund um die Dorfkirche lagen die Toten. Sie waren nicht einfach verschwunden, verwest, begraben, vergessen nach anfänglicher Trauer. Sie wärmten sich an den Lichtlein auf den Gräbern, forderten Blumen, wurden beruhigt mit geweihtem Wasser, das immer wieder auf die Erde gesprengt wurde, unter der sie schliefen. Aber schliefen sie immer? Der Schmied mußte gelegentlich außer Haus, wenn eine Kuh beim Kalben seine Hilfe benötigte. Beim Heimwandern nach einer solchen Verpflichtung, mitten in stiller Nacht, war ein großer Holzstoß plötzlich in Bewegung geraten, erzählte der Schmied. War das der ursprüngliche Schrecken? Vielleicht sollte man sich in der leeren Kirche einmal über die Nacht einsperren lassen, nur um zu spüren, ob man wirklich allein blieb, dachte der Ministrant, der aus der großen Stadt Wien nach Kirchberg gekommen war. Jedenfalls fühlte er sich gedrängt, ab und zu seine rechte Hand wie zum priesterlichen Segen zu führen, anstatt einfach das Kreuz über sich zu schlagen. Das bemerkte der Pfarrer und korrigierte den Ministranten. Aber schon war der Ministrant versuchsweise zum Segensspender geworden, zum Beschwichtiger der stets anwesenden Bedrohung. Später würde er immer wieder das Kreuz über die Gläubigen schlagen, von oben nach unten, von links nach rechts, in begütigender Weise, vom Altar aus, wo er als Priester stand, mit den geschlossenen Fingern der rechten Hand. Im Namen des Vaters und des Sohnes und des Heiligen Geistes.

Die Bischöfe pflegen mit der Schwurhand zu segnen. Nie werde ich erfahren, warum das so ist. Die Entstehung der Schwurhand liegt im Dunkel des Unvordenklichen, wie die Gewohnheit des Segnens, wie alle Gesten zur Abwehr des Schrecklichen, wie die Lichtlein auf den Gräbern, wie die ganze Religion. Wir glauben nicht, wir haben Angst.

Bevor ich mich zur Ruh begeb, zu dir, o Gott, mein Herz ich heb. Zum Abendgebet mußt du die Hände falten. Heiliger Schutzengel mein, laß mich dir befohlen sein. Über meinem Bett hing ein Bild, darauf waren ein Knabe und ein kleines Mädchen zu sehen, unter einem dicken Baum mitten im Wald. Der Knabe hielt einen giftigen Fliegenpilz in der Hand, weitere Fliegenpilze wuchsen vor den beiden Kindern aus dem Boden. Schon streckte das Mädchen seine Hand nach dem Pilz aus. Links hinter den Kindern stand wachsam der Schutzengel, in einem rosa Kleid und mit großen Flügeln. Sein rechter Arm war anmutig ausgestreckt, von seinem linken Arm lugten lediglich vier Fingerspitzen hervor, an die Rinde des Baums gelegt. Ebendiese Fingerspitzen ängstigten mich in unbestimmter Weise, vielleicht deshalb, weil sie in keinem erkennbaren Zusammenhang mit dem Körper des Engels standen. Vater, laß die Augen dein über meinem Bette sein.

Am meisten fürchtete ich mich als Kind vor dem Tod. Ich hatte ihn in einem Buch erblickt, noch ehe ich lesen lernte, gezeichnet von Dora Polster. Der Gevatter Tod in den Märchen der Brüder Grimm. Ein schöner Band mit vielen Bildern, aus dem Jahr 1911. Zahlreiche Kerzen brannten im Gewölbe, woselbst der junge Arzt mit dem Tod die letzte Verabredung hatte. Das Gerippe des Gevatters war von einem schwarzen Mantel umhüllt, auf dem Totenkopf saß ein schwarzer Schlapphut. Das war der Tod. Dann starb die erste Frau meines Onkels Franz, in jungen Jahren, an der galoppierenden Schwindsucht, wie meine Mutter sagte, und ich wurde zum Begräbnis mitgenommen. Meine Mutter hob mich in die Höhe, damit ich alles sehen konnte. In diesem Augenblick wurde der Sarg noch einmal geöffnet, und ich erblickte die abgemagerte Tote. In der darauffolgenden Nacht hatte ich einen Traum. Da spielte eine lustige Musikkapelle. Plötzlich wurde sie mitsamt ihrer Unterlage weggezogen, und vor mir stand der Tod und verhöhnte mich. Schreiendes Erwachen. Was hast du denn, Bubi? Mama, der Tod! Schlaf jetzt, er kann dir nichts tun. Ich bin ja bei dir.

Die aneinandergelegten Innenflächen der Hände, vor der Brust gehalten, sind in Asien eine Bekundung der Ehrerbietung, zur Begrüßung des Besuchs. So demütig nähert man sich auch den Göttern und Göttinnen. Zum Abendgebet mußt du die Hände falten. Als Ministrant kniete ich mit gefalteten Händen auf meinem kleinen Polster wie ein junger Inder. Das war die Grundhaltung beim Gottesdienst, unter den Augen des Allerhöchsten, des Herrn über Leben und Tod. Mit der Gottesfurcht fängt die Weisheit an, steht in der Bibel geschrieben. Aller Anfang ist fürchterlich.

Im Priesterseminar gab es eigene Hausstunden für die sogenannten Assistenzregeln. Das waren die Abläufe bei den feierlichen Hochämtern an den großen Feiertagen. Dann hatte der Zelebrant einen Diakon und einen Subdiakon zur Begleitung, die ihn bedienten. Der Subdiakon rezitierte die Epistel, der Diakon sang das Evangelium. Das richtige Singen lernten wir in der Hausstunde für gregorianischen Choral.

Zu Weihnachten, zu Ostern und zu Pfingsten, zu Fronleichnam und zu Allerheiligen war Hochbetrieb. Dann forderten viele Wiener Pfarren zur Verschönerung ihrer Hochämter Diakone, Subdiakone und eventuell einen Zeremoniär aus dem Priesterseminar an, und wir verwandelten uns in Paramentenständer, wie wir gelegentlich sagten. Dann und wann traten wir in Ornaten aus schwerem Goldbrokat auf, angefertigt von adligen Fräulein vor zweihundert Jahren, zur Zeit der Kaiserin Maria Theresia. In besonders gutem Ruf stand bei uns die Pfarre Altlerchenfeld im 7. Bezirk, weil der dortige Priester ein großzügig bemessenes Taschengeld für die Assistenz extra spendierte. Auch in eine von geistlichen Schwestern geführte Privatklinik im 8. Bezirk kam man gern, wegen der köstlichen Platten mit Schinken und feinen Wurstwaren, die dort nach dem Altardienst serviert wurden. Für die korrekte Verteilung der begehrten und der unbeliebten Assistenzen sorgte ein eigens für diese Aufgabe bestellter Alumne, der Assistenzpräfekt. Er hatte darauf zu achten, daß in der Hofburgkapelle keine unmusikalischen Diakone eingesetzt wurden, daß die Termine und die Assistenzgelder stimmten. Mitunter passierte ein Fehler.

An einem Karfreitag fand ich mich zusammen mit einem anderen Priesterstudenten, der keinen richtigen Ton singen konnte, unvermutet vor der Aufgabe, das Leiden und Sterben unseres Herrn und Heilandes im gregorianischen Choral vorzutragen. Die Geschichte passierte bei den Ursulinen im ersten Bezirk. Immer wieder lösten unsere Darbietungen bei den ehr würdigen Schwestern jenes fassungslose Gekicher aus, dessen Heiterkeit um so heftiger wird, je mehr es unterdrückt werden muß. Inzwischen sind die Ursulinen längst nach Wien-Mauer übersiedelt, und die lateinische Passion gehört der Vergangenheit an.

Am kompliziertesten war die Choreographie eines Pontifikalamtes, der bischöflichen Messe zu feierlichen Gelegenheiten. Da marschierte dann die große Assistenz auf. Vorneweg der Träger des Prozessionskreuzes, dann der Turifer mit dem Weihrauchfaß, die beiden Akolythen mit Kerzenleuchtern, die Träger des Krummstabes und der Infel, der Zeremoniär, der assistierende Presbyter im Rauchmantel. Im Dom zu Sankt Stephan schritten auch noch die Kanoniker im Gefolge mit, würdige Prälaten im Hermelin. Mit der Schar der Ministranten, der Dom-Vikare und der Abordnung aus dem Priesterseminar erreichte der Zug eine beachtliche Länge, sehr zur Freude der Gläubigen, die vor dem Bischof in die Knie sanken, während er segnend zum Hochaltar zog, ganz zuletzt selbstverständlich, und ganz allein.

Dazu brummte und pfiff die Orgel mit allen Registern, und der Chor sang: Ecce Sacerdos magnus. Jetzt kommt der Oberpriester. Die kräftigen Töne, das gemessene Schreiten durchs vollbesetzte Kirchenschiff, das festliche Licht, die Höhe des Raums, die aparte Geruchsmischung aus Weihrauchduft, feinstem Staub und Bienenwachs, die gesamte Religion drang in den Körper ein, sie ergriff die Seele dort, wo sie fromm sein möchte, unterwerfungsbereit und schuldbewußt. Asperges me, Domine. Besprenge mich und ich werde rein sein. Inzens, sagte der Zeremoniär, und schon begannen die Harzkörner auf der glühenden Holzkohle zu dampfen, wie im alten Ägypten.

Die Gottesdienstlichkeit, der ich dreißig Jahre lang täglich mindestens ein Stündchen opferte, kennt weder Vergangenheit noch Zukunft, keinen Fortschritt, keine Entwicklung. Sie hat keine Eile, will nichts erreichen, verfolgt kein Ziel. Wenn sie Ostern feiert, steht Christus von den Toten auf, wenn sie Weihnachten feiert, wird er geboren. Es geht um Intensitäten, die sich ereignen, nicht um Termine, an denen etwas zu erledigen ist. Das Nacheinander von Ursache und Wirkung ist belanglos. Was war, wird gewesen sein, am Nil, am Jordan, am Ganges, wie im Anfang, so auch jetzt und allezeit und in Ewigkeit.

Amen. Im fünften Jahr unserer Ausbildung erhielten wir das «Breviarium Romanum» in der Ausgabe von 1950, aus dem Verlag Friedrich Pustet in Regensburg. Mit den höheren Weihen war die Verpflichtung zum privaten Rezitieren der kanonischen Stunden verknüpft, einer täglichen Abfolge von Psalmen, Lesungen, Gebeten und Hymnen. Angefangen damit hatten die Mönche, die am liebsten den ganzen Tag und die halbe Nacht in der Kirche verbracht hätten. Am längsten dauerte die nächtliche Frühmette (Matutin), mit dreimal drei Psalmen und neun Lesungen. Noch mal fünf Psalmen, ein Hymnus und ein weiteres Loblied schlossen sich an, zur Begrüßung des Tages (Laudes). Nach dem Morgengebet (Prim) gab es zur dritten, sechsten und neunten Stunde (9, 12, 15 Uhr) weitere Gebetszeiten mit jeweils drei Psalmen (Terz, Sext, Non), hernach die Vesper mit abermals fünf Psalmen und als Nachtgebet die Komplet (drei Psalmen). Man schärfte uns ein, das Brevier nicht nur mit den Augen, sondern auch mit den Lippen zu lesen. Domine, labia mea aperies. Herr, öffne meine Lippen. Et os meum annuntiabit laudem tuam. Und mein Mund wird dein Lob verkünden. Die Mönche hatten sich in zwei Chöre geteilt und die Psalmverse abwechselnd gesungen. Die Weltpriester, oft allein auf ihrer Pfründe oder häufig auf Reisen wie die mittelalterlichen Päpste, bedurften eines handlichen Büchleins zur Verrichtung der Tagzeiten. So entstand das Brevier. Wenn man es im Eisenbahnabteil aufschlug, hatte man Ruhe vor neugierigen Fragen.

Das Brevier richtete sich nach den Jahreszeiten, in vier Bänden. So zirkulierten die Gebete in der bäuerlichen Ordnung der Dinge. Der Winter begann mit der Adventszeit, der Frühling mit der Fastenzeit, der Sommer mit dem ersten Sonntag nach Pfingsten, der Herbst im September. Dabei kamen auch rund 350 prominente Heilige alljährlich zu Ehren, von Johannes dem Täufer und der Apostelschar bis zu den tapferen Mädchen, die wegen ihres Glaubens aufs Rad geflochten oder den Flammen übergeben worden waren. Die wichtigsten Erzengel wurden ebensowenig vergessen wie die wundersame Auffindung des Kreuzes in Jerusalem oder der Machterweis der Jungfrau Maria, die einen der Hügel Roms im August mit Schnee bedeckt hatte.

Je älter die Texte waren, desto tiefer reichten ihre Wurzeln ins Vorchristliche. Das Fest der Erscheinung des Herrn am 6. Januar beispielsweise überlieferte in den Laudes einen Kehrvers, der von der urtümlichen Mysterienfrömmigkeit des Mittelmeerraums inspiriert ist. Er geht so: Heute wird die Kirche mit ihrem himmlischen Bräutigam vermählt, weil Christus ihre Sünden im Jordan abgewaschen hat; die Magier eilen mit Geschenken zur königlichen Hochzeit, und an dem zu Wein gewordenen Wasser erfreuen sich die tafelnden Gäste.

Die heilige Hochzeit *(hieros gamos)*, von der hier die Rede geht, ist bis in die Jungsteinzeit zurückverfolgt worden. Damals stieg der mythische König Rhadamantyhs von Kreta alle neun Jahre in die Eileithyia-Grotte hinab, um dort mit einer Priesterin den rituellen Beischlaf zu vollziehen. In Griechenland tat Zeus mit Hera dasselbe, wie die Ilias erzählt, und unter dem göttlichen Paar brachte die Erde alsbald sprossendes Gras, taufrischen Lotus, Krokusse und Hyazinthen hervor.

Mystisch, also weniger handgreiflich, vereinigte sich der Herr Jesus mit seiner Braut, der feiernden Gemeinde, am Fest-Tag des Sichtbarwerdens der Gottheit, ihrer Erscheinung *(epiphaneia)* und Manifestation im Diesseits. Die himmlischen Offenbarungen während der Huldigung der Weisen aus dem Morgenland, der Taufe des Heilands im Jordanfluß und bei der

Hochzeit von Kana, als Jesus Wasser in Wein verwandelte, sind in der liturgischen Erfahrung des 6. Januar so übereinander kopiert, daß ihre chronologische Reihenfolge belanglos wird. Bedeutsam ist einzig und allein der Glanz einer jenseitigen Wirklichkeit, der auf die Gläubigen überspringt, während sie den Lesungen und Gesängen lauschen, auf die Zurufe der Priester antworten, Gebete sprechen und Kerzen entzünden. Sie möchten, das ist der Zweck der Übung, einige Augenblicke lang in der Ewigkeit sein.

Aber eines Tages hatte Papst Johannes XXIII. eine Eingebung und berief ein katholisches Konzil in den Vatikan. Es tagte von 1962 bis 1965. Die versammelten Bischöfe, offensichtlich angesteckt vom unruhigen Geist der sechziger Jahre, verabschiedeten eine umfassende Liturgiereform, und sämtliche Rubriken mußten umgeschrieben werden.

Die Rubriken, das Rotgedruckte in den diversen liturgischen Büchern (Rituale, Caeremoniale, Missale), formulierten die Regeln der Gottesdienstlichkeit. Ob mit lauter oder leiser Stimme gebetet wird. Bei welcher Gelegenheit der Priester den Altar zu küssen hat. Wann die Gläubigen sich von ihren Plätzen erheben sollen. Wie die Hostien auszuteilen sind. Welche Farbe bei den Totenmessen getragen wird. Wo der Zelebrant seinen Sessel hat.

Das Kirchenlatein wurde abgeschafft.

Ich erinnere mich an den Schock, den die Nachricht von der geplanten Eindeutschung auch der ältesten und ehrwürdigsten Texte der heiligen Messe bei mir auslöste. Sollen am Ende gar auch die Wandlungsworte in Übersetzung gesprochen werden, fragte ich einen befreundeten Fachmann. Ja, auch die Wandlungsworte.

Ferner wurde beschlossen, der Priester habe hinkünftig mit dem Gesicht zur Gemeinde zu agieren, nicht mehr wie früher mit dem Rücken zum Volk.

So verzichteten die Priester auf die fremdartige Entrücktheit ihrer Verrichtungen. Ihr Tun, hieß es offiziell, sollte leicht verständlich sein und zum Mitmachen einladen. Auch Kleinkinder waren in Zukunft gerne gesehen. Die Kirche wollte ihre Schrecken verlieren. Zur selben Zeit ging die Zerstörung der bäuerlichen Lebenswelten mitsamt ihren Riten, Bräuchen und Festen unerbittlich weiter, in Afrika, Asien und Lateinamerika. Das Unvordenkliche war im Verschwinden begriffen.

Die Pfarrgemeinde zur schmerzhaften Mutter Gottes im 16. Bezirk, wo ich damals Kaplan war, nahm die Liturgiereform gelassen zur Kenntnis. Neunzig Prozent der Pfarrkinder gingen ohnehin nie oder allenfalls an den hohen Feiertagen in die Kirche. Die regelmäßigen Kirchgeher und vor allem die Kirchgeherinnen, unter ihnen so manche ältere Frauen, die als Mädchen den Beginn der sogenannten liturgischen Bewegung miterlebt hatten, unter einem damals noch jugendlichen Pfarrer mit Namen Josef Schmid, freuten sich über die Krönung seiner jahrzehntelangen Bemühungen um volkstümliche und lebendige Gottesdienstformen.

Schmid gehört zu den Priestern, an die ich gerne zurückdenke. Er kam vom Land, aus dem Weinviertel nördlich von Wien, verfügte auch im Alter über eine mächtige tiefe Stimme und trug an einem stillen Kummer. Sein Bruder, ebenfalls Priester, hatte seinen Posten verlassen und anschließend geheiratet. Im Zweiten Weltkrieg waren Bomben auf das barocke Gotteshaus und den Pfarrhof gefallen, wo Schmid seit den zwanziger Jahren amtete. Er trieb die Millionen für eine neue Kirche auf. Sie war hell und sachlich gebaut, mit einem freistehenden Altar, der auch den neuen Vorschriften genügte, als sie in Kraft traten.

Links vom Haupteingang stand der Beichtstuhl, in dem ich während der Frühmesse an den Sonntagen auf Sünderinnen und Sünder wartete. Meine Sitzgelegenheit befand sich in einem geräumigen Kasten aus Holz, mit zwei Flügeln für die Beichtenden. Sie knieten vor einem Fensterchen, das ich von meiner Seite her öffnete, einmal das linke, dann das rechte Fensterchen, und schon flüsterte eine Stimme in mein Ohr, was sie auf dem Gewissen hatte. Meine letzte Beichte war vor drei Wochen. Ich habe vor Gott folgende Sünden begangen. Unandächtig gebetet. Heilige Namen leichtsinnig ausgesprochen. Zornig gewesen. Unkeusche Gedanken gehabt. Gelogen. Über andere lieblos geredet. Am Freitag Fleisch gegessen. Es ist mir von Herzen leid, daß ich Gott beleidigt habe, ich will mich ernstlich bessern.

Zur Busse beten Sie ein Vaterunser, sagte ich dann, nachdem ich einige aufmunternde oder ermahnende Gedanken durch das Gitter des Fensterchens gewispert hatte, und erteilte die Lossprechung. Dominus noster Jesus Christus te absolvat. Unser Herr Jesus Christus möge dich absolvieren.

Beim Beichthören hatte ich häufig mit dem Gähnen zu kämpfen. Wenn die Beichtkinder ausblieben, las ich in meinem Brevier. Zwischendurch drang die sonore Stimme des Herrn Pfarrers in mein Ohr, der am Hochaltar die Messe feierte. Von seinen Predigten ist mir ein einziges Wort in Erinnerung geblieben, das immer wieder in seinen Ausführungen auftauchte, wie ein Leitmotiv:

Schuld!

Und dabei blieb es, auch nach der Liturgiereform.

Einmal im Jahr, zu Fronleichnam, trugen wir die Hostie durch den Pfarrsprengel. Die Polizei sperrte die Neulerchenfelder Straße für den Autoverkehr, damit sich die Prozession ungestört bewegen konnte. Vier Männer hielten an hölzernen Tragstangen den sogenannten Himmel, einen viereckigen Baldachin, unter dem der Priester mit dem Gottesleib in der goldenen Monstranz schritt. Vor ihm marschierten die Kinder, hinter ihm die Männer und die Frauen. Bunte Fahnen belebten den

Zug. Auf eine Blasmusik zur Begleitung der singenden Gläubigen verzichtete man in Neulerchenfeld, weil die Stimme Pfarrer Schmids mühelos die gesamte Länge der Prozession beschallte. Viermal wurde angehalten, an blumengeschmückten Altären im Freien, die mit frisch geschnittenen Birkenbäumchen drapiert waren. Dann hob der Zelebrant die Monstranz zum Segen über die Feldfrüchte, wie vor zweihundert Jahren, als Neulerchenfeld noch ein Dorf gewesen war.

Für mich bedeutete Fronleichnam stets eine Demütigung Gottes. Statt mitzugehen oder wenigstens Spalier zu stehen, blieb die Bevölkerung mehrheitlich zu Hause oder war mit dem Auto ins Grüne gefahren. Ab und zu lehnte jemand im Fenster und betrachtete von oben herab das dahinziehende Kirchenvölkchen. Mein Schamgefühl beruhigte sich erst bei der Rückkehr ins Gotteshaus. Dann wurde das Allerheiligste wieder im Tabernakel verschlossen, und niemand konnte es mehr mit gleichgültigen Blicken beleidigen. Solange sich jemand um das Allerheiligste kümmerte, blieb die Welt halbwegs in Ordnung.

Nach dem Mittagessen am Sonntag, das wir drei Kapläne gemeinsam mit dem Herrn Pfarrer von dessen Haushälterin serviert bekamen, mußte einer von uns in die Kirche hinunter, zur Spendung der heiligen Taufe. Die glückliche Mutter erhielt einen besonderen Segen. Der Pate oder die Patin hatten für das Baby dem Teufel abzuschwören. Widersagst du dem Teufel? Ich widersage. Selbstverständlich hatten die Paten keine Ahnung vom Ritual, und so mußte man ihnen die richtigen Antworten einflüstern, während das Kind schrie und der Vater fotografierte. Schließlich kam der entscheidende Augenblick, und das Taufwasser tröpfelte über die Stirn des Neugeborenen. Die Kirche hatte ein neues Mitglied gewonnen und der Teufel eine Seele verloren, bis auf weiteres zumindest. Hernach hielt ich ein Mittagsschläfchen.

Mein Abschied von der Gottesdienstlichkeit begann 1973, als über mich ein Predigtverbot verhängt wurde. Es war mit der Weisung verbunden, meine Dienstwohnung in der Neulerchenfelder Straße zu räumen. Nach meiner Übersiedlung nach Wien-Döbling suchte ich nach einem günstigen Ort für die Feier der heiligen Messe im kleinen Kreis und fand ihn in der Kapelle eines nahe gelegenen katholischen Studentenwohnheims. Befreundete Frauen und Männer haben dort mit mir einmal wöchentlich das christliche Abendmahl gefeiert, in einer Form, die von den herkömmlichen Texten nur ganz wenige übernahm. Die anderen Passagen, von mir verfaßt, wurden von einem Ansager oder einer Ansagerin vorgelesen, die einander von Mal zu Mal abwechselten. Zum Beispiel:

Es soll daran erinnert werden, daß jedermann berechtigt ist, das Meßkleid anzuziehen. Wenn wir einer bestimmten Person immer wieder das Recht einräumen, die Aufgabe des Priesters zu übernehmen, dann fügen wir uns den überlieferten Regeln. Es ist denkbar, daß andere Regeln erfunden werden.

Oder:

Wenn wir einander gleichgültig sind, dann ist unsere Veranstaltung ein leerer Schein.

Am Beginn wurde folgende Frage formuliert:

Was ist der Mensch?

Die Antwort lautete:

Wenn wir das wüßten, dann wären wir nicht hier.

Die Antwort wurde gemeinsam gesprochen. So ergab sich ein gelegentlicher Wechsel zwischen Ansage und Chor, während ich aus dem Spiel blieb. Offenbar arbeitete ich darauf hin, mich als Priester überflüssig zu machen. Nur die Wandlungsworte rezitierte ich allein. Ihretwegen war ich schließlich Priester geworden.

Dann schrieb mir der Kardinal König, daß er sich leider gezwungen sehe, mir die Ausübung des priesterlichen Dienstes in Zukunft zu untersagen. Nie wieder würde ich am Aschermittwoch den Andächtigen mit dem grauen Staub ein Kreuz auf die Stirn zeichnen, am Ostersonntag gefärbte Eier segnen, nie wieder einem Brautpaar das Jawort abnehmen, in ein offenes Grab geweihtes Wasser sprengen, eine Kreuzwegandacht leiten, den Rosenkranz vorbeten. Niemand würde mehr Hochwürden zu mir sagen.

Manchmal, wenn ich die Kirchenglocken am Sonntagvormittag läuten höre, erreicht mich ein sanfter Gruß aus der Vergangenheit. Sie ist mir inzwischen so fremd geworden, daß ich fast das Gefühl habe, dreißig Jahre lang in der Zeit Karls des Großen oder im alten Ägypten gelebt zu haben.

Es war keine verlorene Zeit. Man mußte täglich um sechs Uhr früh am Altar stehen, auch im Winter, mit nüchternem Magen. Die Jenseitigen, deren Namen man anrief, ließen sich nie wirklich zufriedenstellen. Sie labten sich an langen Litaneien und endlosen Hochämtern. Der Durst der Götter, wie man in Indien sagte. Betet oft für mich, schrieb der Pfarrer Schmid in seinem geistlichen Testament an die Kapläne. Betet oft für mich, das heißt für meine arme Seele, besonders wenn Ihr Euch an alle meine Fehler erinnert. Der Pfarrer Schmid wußte, daß er einmal durstig sein würde, durstig nach den Gebeten der Lebenden.

Die Lebenden wiederum zitterten beständig um ihr ewiges Heil. Aus dem Jenseits, an das sie sich wandten, kamen die Gnadenerweise, deren man im Tal der Tränen bedurfte. Es gab zahlreiche Ablässe, vollkommene und unvollkommene, zur Löschung oder Verminderung der Sündenstrafen im Fegefeuer. Wenn man etwas verloren hatte, wandte man sich an den heiligen Antonius von Padua. Für Halskrankheiten war der heilige Blasius zuständig. Im Fall eines besonders hartnäckigen Leidens des Leibes oder der Seele suchte man Hilfe in einem Gnadenort, wo die Wunder häufiger geschahen als anderswo, in Altötting zum Beispiel oder in Santiago de Compostela.

Oder in Benares. Meine Vergangenheit gehört einer Welt ohne Überfluß und ohne Fortschritt, einer Welt der Schicksalsergebenheit, der Inbrunst und der Angst. Diese Welt gibt es noch immer.

Soll ich mir wünschen, noch einmal in sie eintauchen zu dürfen, als Gnadenvermittler? Meine ehemaligen Kollegen nicken mir zu, die toten und die lebendigen, und ich mache eine abweisende Geste. Der Ort ihres Wirkens hat für mich seine Schrecken verloren. Die Kirchen sind, nicht nur für mich, zu Erinnerungsräumen geworden, in denen die ungeheure Anstrengung der Religion, den ursprünglichen Schrecken zu bannen, nur noch schwach spürbar ist.

In meiner jetzigen Welt gibt es keine Erlösung.

8 Das ist mein Leib

Auf der untersten Stufe des Hochaltars der Breitenseerkirche im 14. Bezirk lag ein kleiner roter Polster, auf dem ich als
Ministrant kniete und zum Priester hinaufblickte. Gleich
würde er mit der rechten Hand kleine Kreuze über Hostie und
Kelch zu machen beginnen. Das war für mich das Zeichen, zur
Wandlung zu läuten. Die Welt hielt den Atem an. Ich griff
nach der Glocke. Dann hatte ich mit der Glocke in der Hand
aufzustehen und unmittelbar hinter dem Priester niederzu-
knien. Mit der linken Hand ergriff ich das untere Ende des
Meßgewandes, damit es nicht den Boden berührte, wenn der
Priester das Knie beugte. Schon hatte der Priester die Hostie
von der Patene genommen, sich mit den Unterarmen auf den
Altartisch gestützt und sein Gesicht nahe an die Hostie gebracht. Jetzt flüsterte er die Wandlungsworte. Hoc est enim
corpus meum. Das ist mein Leib. Erstes Glockenzeichen, während der Kniebeuge des Priesters. Zweites Glockenzeichen,
während der Erhebung der Hostie. Drittes Glockenzeichen,
während der abermaligen Kniebeuge des Priesters.

In der Kirche war es ganz still. Die wenigen älteren Frauen,
die zur Frühmesse gekommen waren, bekreuzigten sich und
klopften mit der rechten Hand dreimal an die Brust. O Jesus,
dir leb ich, o Jesus, dir sterb ich, o Jesus, dein bin ich im Leben
und im Tod. Noch einmal beugte sich der Priester über den

Altar und flüsterte die Worte der Wandlung in den Kelch hinein. Hic est enim calix sanguinis mei. Das ist der Kelch meines
Blutes. Kniebeuge, Erhebung des Kelches, Kniebeuge. O Jesus,
sei mir gnädig, o Jesus, sei mir barmherzig, o Jesus, verzeih mir
meine Sünden. Ich stand auf und ging auf meinen Platz zurück.
Die Welt war nicht mehr mit sich allein.

Dreißig Jahre später fragte mich der Kardinal König: Was
bleibt vom Christentum übrig? Ich sagte: Die Wandlung.

Eine bessere Antwort ist mir bis heute nicht eingefallen.

Es gibt drei Kräfte auf Erden, sagt der Großinquisitor in «Die
Brüder Karamasoff» von Dostojewskij, die imstande sind, das
Gewissen dieser schwächlichen Aufrührer auf ewig zu beherr-
schen, zu ihrem Glücke. Diese drei Kräfte sind das Wunder, das
Geheimnis und die Autorität. Und wir werden einen Kelch er-
heben, und auf dem wird geschrieben stehen: Geheimnis.

Auf dem Fuß des Kelches, den ich von der Pfarrgemeinde
Wien-Breitensee zu meiner Priesterweihe geschenkt bekam,
steht eingraviert: Sanctus + Sanctus + Sanctus. Der Kelch
befindet sich derzeit in einer Vitrine meiner Wohnung. Die
Vergoldung ist ein wenig schadhaft geworden.

In der Unterredung, zu der mich der Kardinal König am
11. Februar 1976 gebeten hatte, ging es um die Autorität der
Priester, um die Gottheit Christi, um das Wandlungsgeschehen, um das Geheimnis des Glaubens. Die Unterredung dauerte etwas länger als eine Stunde. Anwesend war ein weiterer
Priester, im Rang eines bischöflichen Vikars, mit dem ich per
Du war. Unter den Nazis hatte er im Gefängnis gesessen. Er
erinnerte mich an die Wanderung der Söhne Israels durch die
Wüste. Wie sie an den Jordan gelangt seien und Kundschafter
ins Gelobte Land hinübergeschickt hätten. Du bist ein solcher
Kundschafter, sagte der Pater Zeininger zu mir, und Du bist
sehr weit vorgedrungen. Du mußt jetzt wieder zum Volk Gottes zurück, das Volk soll über den Jordan geführt werden.

Das Gespräch fand im erzbischöflichen Palais statt. An einer Wand des barocken Salons, in dem wir saßen, tickte eine alte Uhr. Ich bat um Raucherlaubnis.

Wenn du nicht immer wieder einen Eklat machen würdest, sagte der Pater Zeininger zu mir. Wie schwer es der Kardinal mit mir habe. Versetz dich einmal an die Stelle des Kardinals.

Das wird er nicht tun, sagte der Kardinal.

Der Kardinal erinnerte mich an die Lehre von der apostolischen Sukzession. Die Wandlungsgewalt war von Christus auf die Apostel übergegangen, die hatten sie wiederum den Bischöfen übertragen, undsoweiter bis in die Gegenwart. Wenn Sie am Wandlungsgeschehen festhalten wollen, sagte der Kardinal zu mir, dann müssen Sie auch am Priestertum festhalten. Tut das zu meinem Gedächtnis, habe Jesus beim Letzten Abendmahl zu den Aposteln gesagt und damit das Priesteramt eingesetzt.

Aber ich hatte damals bereits eine andere Auffassung von dem, was beim Letzten Abendmahl passiert war. Während die Uhr weitertickte, erläuterte ich den beiden Herren meine Wandlungstheorie.

Angeregt dazu hatte mich ein langes Interview mit Jean-Paul Sartre, das Anfang 1976 auf deutsch erschienen war. Meiner Meinung nach, sagte Sartre, werden die Beziehungen zwischen den Menschen dadurch vergiftet, daß ein jeder versucht, vor dem anderen etwas zu verbergen, geheimzuhalten. Daher gibt es eine Reserve, geboren aus Mißtrauen, Unwissenheit und Furcht, die bewirkt, daß ich dem anderen nicht oder zuwenig traue. Ein Mensch müßte ganz für seinen Nächsten dasein, und dieser ganz für ihn, damit eine wahrhaft soziale Harmonie entstehe. Das ist heute nicht realisierbar.

Die vorbehaltlose Auslieferung eines Menschen an die Mitmenschen nannte Sartre «sich ganz geben», und die Voraussetzung für eine Weltgesellschaft, in der solche Auslieferungen die Regel sein würden, lag für den Philosophen in der Beseitigung aller Privilegien.

Jesus habe, so erklärte ich meinen beiden stillen Zuhörern, bedroht von einem frühzeitigen und sinnlosen Tod, im Kreis seiner treuesten Freunde ebendies ausdrücken wollen, was Sartre «sich ganz geben» nannte, und deshalb die seltsamen Deuteworte gesprochen, als er das Brot brach und den Becher kreisen ließ. Das ist mein Leib. Das ist mein Blut. Die Verletzung des kannibalistischen Tabus sollte die Barrieren des Mißtrauens und der Furcht schocktherapeutisch durchbrechen. Ein Ich, also ein Bewußtsein-mit-Körper, will keinerlei Reserven mehr haben und verwandelt damit seine Beziehung zum «Nächsten» von Grund auf, unwiderruflich. Jetzt habt ihr mich ganz. Später hätten die Jünger, nach dem Tod des Meisters, ebendiese Szene der Schrankenlosigkeit immer wieder durchgespielt, und schließlich sei daraus die heilige Messe geworden.

Als ich fertig war, sagte der Kardinal zu mir: Eigentlich müßten Sie eine neue Kirche gründen.

Tatsächlich hatten meine Darlegungen etwas unterschlagen, nämlich die bald zweitausendjährige Arbeit der christlichen Völker am Geschehen des Letzten Abendmahls. Das war eine lange und rätselschöne Geschichte der Aneignung des Heilandswillens, voll von Inbrunst und andächtiger Versunkenheit, mysterienfromm und wundergläubig, mit blutenden Hostien, verzückten Heiligen, funkelnden Monstranzen, streitenden Theologen. Ich war keineswegs der erste Ketzer in dieser Geschichte. In den dreißig Jahren meiner Ergriffenheit vom Hostienjesus hatte ich sie noch einmal durchlebt, und bald würde sie für mich zu Ende sein.

Warum betrachten Sie mich nicht als Dissidenten, sagte ich zum Kardinal. Die katholische Kirche ist groß genug, da haben auch Dissidenten darin Platz.

Das ist schon richtig, sagte der Kardinal, aber Dissidenten dürfen dann eben keine Messe mehr lesen.

Die volle Bedeutung der Lehre von der Transsubstantiation ging mir während einer der langweiligen Vorlesungen des alten Jellouschek auf, im abgedunkelten Hörsaal der katholisch-theologischen Fakultät der Universität Wien, wuchtig und klar und plötzlich, wie eine freudige Überraschung, mir ganz persönlich geschenkt. Ein ganzes Semester hindurch stand der Traktat über die heilige Eucharistie auf dem Programm, innerhalb der Sakramententheologie. Auch über das Sakrament der Priesterweihe las der alte Jellouschek in jenem Sommersemester 1952, aber weitaus weniger ausführlich. Über die Priester hatte die dogmatische Theologie längst nicht soviel zu sagen wie über das erhabenste Sakrament der heiligen Kirche, in welchem Christus unter den Gestalten von Brot und Wein mit seinem Leib und Blut wahrhaft gegenwärtig war, um sich unblutigerweise dem himmlischen Vater zu opfern und den Gläubigen als Seelenspeise zu schenken. So stand es im Skriptum.

Mit der Seelenspeise war ich seit Jahren vertraut, als täglicher Kommunikant, dem die Hostie auf die Zunge gelegt wurde, während der heiligen Messe. Diesbezüglich bot die Vorlesung für mich nicht viel Neues. Auch die Ausführungen über den Opfercharakter der Messe berührten mich nicht sonderlich tief, obwohl in ihnen der Priesterkönig Melchisedech umging, als Archetyp Christi, welch letzterer nach dem Zeugnis des Hebräerbriefs sein eigenes Blut dem Gott dargebracht hatte, zur ewigen Erlösung von den Sünden. Vielleicht wehrte sich bereits damals etwas in mir gegen den Gedanken, der himmlische Vater verlange nach dem Blut des eigenen Sohnes, um seinen Groll gegen die Menschheit vergessen zu können.

Nie wieder hingegen hat mir eine Auffassung von der Wirklichkeit so spontan und beglückend eingeleuchtet wie das Dogma der Wesensverwandlung der Brotsubstanz in den Leib

und der Weinsubstanz in das Blut Christi, als der halbblinde
Professor die Geschichte des mittelalterlichen Abendmahls-
streits behandelte. Nein, hatte der Domherr und Archidiakon
Berengar von Tours behauptet, um 1050 herum, zwischen der
Brotsubstanz und der äußeren Erscheinung des Brotes (Gestalt,
Geruch, Geschmack – genannt «Akzidenzien») lasse sich keine
sinnvolle Unterscheidung treffen; auch nach der Wandlung in
der heiligen Messe («Konsekration») bleibe das Hostienbrot
substantiell Brot, und die Anwesenheit des Herrenleibes sei
lediglich symbolisch zu verstehen. Dasselbe gelte für den
Wein, der in der Wandlung zur «figura» des Blutes Christi
werde, nicht aber zur Sache selbst. Ja doch, hielten seine Kollegen Lanfranc von Bec und Guitmund von Aversa dagegen, die
Dialektik von Substanz und Akzidenzien sei sehr wohl auf die
Konsekration anzuwenden; die Akzidenzien blieben dabei erhalten, die Substanzen dagegen nicht. Was der Priester nach
der Wandlung in Händen halte, sei nicht mehr Brot, es er-
scheine lediglich als solches, für die stumpfen Sinne der Erden-
bewohner, und verkörpere in Wirklichkeit den ganzen Christus. Berengar unterlag. Auf mehreren Synoden wurde seine
Auffassung zurückgewiesen, und fünfzig Jahre nach seinem
Tod tauchte erstmals das neue Wort auf, mit dem das Wand-
lungswunder hinkünftig theologisch korrekt zu bezeichnen
war: Transsubstantiation, Wesensverwandlung. Es erschien in
den Akten des vierten Laterankonzils anno 1215 und wurde
schließlich gegen die Reformatoren geschleudert, von den
Vätern der Kirchenversammlung zu Trient.

So war das also. Was mich damals ergriff, die wirkliche Gegenwart («Realpräsenz») Christi «unter den Gestalten» von
Brot und Wein, leibhaftig, handgreiflich und dennoch übernatürlich, erzog mich zur Skepsis gegen die Auskünfte meiner
Sinnesorgane über die Welt, der ich angehörte. Ihr Gewicht
hatte sich verändert, weil die Möglichkeit bestand, ihren Evi-
denzen Widerstand zu leisten, beim Anblick der konsekrierten

Hostie. Gelegentlich konnte die Weltwirklichkeit substantiell göttlich werden, wenn man die richtigen Worte kannte und dazu befugt war, sie im entscheidenden Moment auszusprechen.

Am 29. Juni 1954 war es soweit. Ich lag im überfüllten Stephansdom mit den übrigen Weihekandidaten auf dem Bauch, vorn im Altarraum, während die Allerheiligenlitanei gesungen wurde. Christe, audi nos. Christus, höre uns. Parce nobis, Domine. Verschone uns, Herr. Miserere nobis. Erbarme dich unser. Der Kardinal Innitzer intonierte die Anrufungen, kniend. Sancta Agatha. Sancta Lucia. Sancta Agnes. Sancta Caecilia. Ora pro nobis, ora pro nobis, antworteten die Kleriker. Bitte für uns. In meiner Nase war der Staub des Teppichs, auf dem wir uns ausgestreckt hatten. Mein Kopf war leer. Ich hatte zu sterben. Omnes Sancti et Sanctae Dei, intercedite pro nobis. Alle ihr Heiligen Gottes, legt Fürsprache für uns ein.

Nach der letzten Anrufung wurde es still. Die anwesenden Priester bildeten einen Halbkreis, mit dem Kardinal in der Mitte. Aufstehen, vortreten. Schon legten sich Hände auf meinen Kopf, wie in den Tagen der Apostel. Eine Angelegenheit unter Männern. Schon geschehen.

Am nächsten Tag kam mir der ganze Vorgang irgendwie unwirklich vor. Ich hatte mir vorgenommen, in das Stift Heiligenkreuz südlich von Wien hinauszufahren, wo ich schon öfter gewesen war und wo man mich kannte. Meine erste heilige Messe wollte ich im Kloster zelebrieren, allein an einem Nebenaltar. In der Sakristei wurde ich schon erwartet. Schultertuch, Albe, Zingulum, Manipel, Stola, Meßgewand. Ich griff nach dem Kelch und schritt in die Kirche hinaus. Das war der glücklichste Augenblick meines Lebens.

Die römische Messe, die ich seit meiner Priesterweihe jeden Tag zelebrierte, zwanzig Jahre hindurch, ist in ihrem Kern so alt wie das Christentum. Ihre frühesten Texte lagen in der Urfassung um 400 herum bereits vor – der sogenannte Kanon, eine Reihe von Gebeten vor und nach der heiligen Wandlung. In manchen Formulierungen hat man Kultworte aus dem christlichen Ägypten entdeckt, die aus Alexandria nach Rom gelangt waren. Was ich beim Messelesen rezitierte, machte mich zum Zeitgenossen des Bischofs Ambrosius von Mailand und des Gotenkönigs Alarich. Wie kläglich wirkten dagegen die beruflichen Herkünfte von Psychologen oder Programmierern, die es erst seit wenigen Jahrzehnten gab. Der unbekannte Autor des römischen Kanons hatte gewußt, wie eine Prosa von hoher Suggestivkraft beschaffen sein muß. Immer wieder durchsetzte er seine Texte mit beschwörenden Doppelwendungen, die er gelegentlich zu dreifachen, ja sogar fünfgliedrigen Folgen steigerte, um den gleichen Inhalt durch den Einsatz sinnverwandter Wörter zu verstärken. Sanctas et venerabiles manus. Omnis honor et gloria. Die heiligen und ehrwürdigen Hände. Alle Ehre und Herrlichkeit. Per ipsum, et cum ipso, et in ipso. Durch ihn und mit ihm und in ihm. Creas, sanctificas, vivificas, benedicis, praestas. Erschaffst, heiligst, belebst, segnest, gewährst. Das bekräftigende Amen auf solche Kaskaden wirkte wie ein mächtiger Donnerschlag, es mochte noch so leise geflüstert sein.

Aufgebaut ist der römische Kanon streng symmetrisch, mit je fünf Gebeten vor und nach dem zentralen Ritus der Wesensverwandlung. Was vor dem Kanon passiert, ist Entschuldigung und Belehrung; nach dem Kanon wird die Gottheit verzehrt und die Entlassung *(missa)* des Volkes zelebriert, von der die Messe ihren Namen hat. Für den Katholiken kann es eigentlich kein Theater geben, hat der Dadaist Hugo Ball gemeint; das Schauspiel, das ihn beherrscht und ihn allmorgendlich gefangennimmt, ist die heilige Messe.

In meinem Fall wurde die Gefangennahme durch die Verwendung der lateinischen Sprache erleichtert. Ich verstand sie zwar einigermaßen, aber ihre Wörter blieben mir doch so weit fremd, daß sie ihre verführerische Kraft behielten, aus der Distanz sozusagen, wie ein Blick aus verschleierten Augen. Sie wahrten ihr Geheimnis, und sie drängten sich nicht auf. Ein Türke, der den Koran auf arabisch rezitiert, wird ähnlich empfinden, oder ein Inder, der die Upanischaden in Sanskrit studiert. Religiöse Laien pflegen Sakralsprachen als tot zu bezeichnen; die Eingeweihten wissen es besser.

In nomine Patris, es Filii, et Spiritus Sancti. Von der Anrufung der Dreifaltigkeit, des Vaters, des Sohns und des Heiligen Geistes am Beginn bis zum Ite, missa est an ihrem Ende achtet die römische Messe auf die Kraft, die in der Wiederholung gleichbleibender Formeln liegt. Nur an bestimmten Stellen sieht sie Abwechslungen vor, im Fall der Lesungen aus der Bibel zum Beispiel, die sich von Tag zu Tag ändern. Ansonsten braucht der Zelebrant kaum einen Blick in das Meßbuch zu tun; er kennt seine Gebete längst auswendig. Das bringt eine Geläufigkeit mit sich, die zur zerstreuten Achtlosigkeit führen kann, im ungünstigen Fall, aber auch zu einer bestimmten Weise der Versunkenheit, wenn die Disposition stimmt.

Eine Messe ohne Predigt und Gesang dauert eine halbe Stunde. Das genügt vollkommen, um in die Ewigkeit einzutauchen. Der Wunsch danach ist nicht einmal in den katholischen Ländern besonders dringend; nur in Irland und Polen sind die Kirchen auch wochentags voll.

Nach der Priesterweihe erfüllte ich mir den Wunsch, Paris kennenzulernen, was meinen Seelenführer nicht gerade in Entzücken versetzte. Ich wohnte außerhalb der Stadt, im Kloster der Benediktinerinnen von Limon, und fuhr jeden Tag mit dem Bus und der Metro hinein ins Getriebe, beschützt durch den Priesterkragen, den ich zum schwarzen Anzug trug. In mein Tagebuch schrieb ich den melancholischen Satz: Der Glaube, die Hoffnung und die Liebe werden nicht widerlegt; sie sterben.

Zum Abendessen traf ich meist den Rektor der Klosterkirche, einen rundlichen Benediktinerpater in den besten Jahren, der mit der textkritischen Ausgabe der Predigten eines griechischen Kirchenvaters beschäftigt war. Er lud mich zu einem Ausflug nach Chartres ein, auf einem Motorroller. Die Messe durfte ich in der Krypta lesen und war damit im 9. Jahrhundert gelandet. Noch früher hatten sich in Chartres alljährlich die keltischen Druiden versammelt. Ich betrachte sie immer noch als meine Kollegen. Vor meiner Abreise aus Limon bedankte ich mich bei der Äbtissin für die gewährte Gastfreundschaft. Die Audienz bei der Dame war kurz; sie stand im Rang über mir. Ihr Geheimnis war möglicherweise älter als meines, aber das wußte ich damals noch nicht.

Die Äbtissin war zur Keuschheit verpflichtet, wie einst die Hüterinnen des ewigen Feuers auf dem römischen Forum, die Vestalinnen. Bis heute empfinde ich ein leises Unbehagen, wenn mir eine Klosterfrau im geistlichen Kleid auf der Straße entgegenkommt. Erinnert sie mich an den Tod? Wofür könnte sie mich bestrafen wollen? Ihr himmlischer Bräutigam wünscht offensichtlich keine irdischen Nebenbuhler. Die Jungfrauen in seinem Gefolge gehen mit niedergeschlagenen Augen durchs Leben. Ihr abweisendes Benehmen fällt wie ein Schatten auf die gewöhnlichen Lüste. Im Heiligtum erweist sich dann allemal der Vorrang jener, die unbefleckt von Gier und Gewalt geblieben sind: Sie dürfen am ehesten wagen, der Gottheit unter die Augen zu treten.

Dieser Zusammenhang zwischen Reinheit und Gottesdienst war mir immer wieder eingeschärft worden. Bevor ich mich zur Messe ankleidete, hatte ich meine Finger mit Wasser zu benetzen und um Reinigung von jeglichem Makel zu bitten. Beim Anlegen des bis zum Boden reichenden Leinenhemdes murmelte ich: Dealba me, weiße mich. Die Schnur, mit der die Albe zusammengehalten wurde, gemahnte mich an die geschlechtliche Enthaltsamkeit. Wehe, wenn etwas vorgefallen war. Dasselbe Unbehagen wie beim Anblick der Nonne.

Während der Messe dann, gleich nach der Konsekration, mit den Augen auf der verwandelten Hostie, hatte ich drei Kreuze über sie zu schlagen und dabei die göttliche Majestät daran zu erinnern, was da für sie auf dem Altar lag. Hostiam puram, hostiam sanctam, hostiam immaculatam. Hostia heißt Opfer. Ein reines, heiliges, unbeflecktes Opfer bringen wir dar. Wie einstens Abel, Abraham und Melchisedech. Sanctum sacrificium, immaculatam hostiam. Ein heiliges Opfer, eine makellose Darbringung.

Hörst du mir noch zu, Fred? Als ich dir sagte, die Priester seien die Feinde des jüdischen Volkes, warst du verwundert. Hier, im Kanon der römischen Messe, in ihren allerältesten Texten, hast du den Beweis eines unversöhnlichen Gegensatzes. Ihr habt kein Opfer mehr, Fred, und ihr wollt auch keines mehr haben. Wir schon. Seit euer Tempel in Jerusalem zerstört wurde, kommt ihr zum Gebet und zum Studium in den Synagogen zusammen, aber ihr habt keine Priester mehr. Wir schon. Wir verwenden euren Abel, euren Abraham, euren Melchisedech gegen euch, wir verwenden euren Gott gegen euch. Unserer Auffassung nach will der Abrahamsgott sein Opfer haben. Nach eurer Auffassung hat er sich anders besonnen. Nie haben sich Juden oder Jüdinnen zum Klosterwesen hingezogen gefühlt, zur Abtötung des Fleisches, zum engelgleichen Leben, es sei denn, sie hatten sich taufen lassen.

Opfergesinnung und Keuschheitskomplex gehören zusammen, Fred. Ihr seid frei von beidem, und deshalb habe ich mir erlaubt, von uns Priestern als den Feinden des jüdischen Volkes zu sprechen. Wir können euch nicht verzeihen, daß ihr die Religion abgeschafft habt. Der Kanon der römischen Messe, wie er bis heute in Gebrauch steht, ist so alt wie die Geschichte der Sonderbehandlung der Juden durch die christliche Obrigkeit.

Im Jahr 418 wurden im Weströmischen Reich die Juden von allen öffentlichen Ämtern und Würden ausgeschlossen. Seitdem ist es ihnen im christlichen Abendland nicht besonders gut gegangen, während wir in den Kirchen die Messe lasen.

So betrachtet müßte ich mit meiner Suspendierung vom Priesteramt von ganzem Herzen einverstanden sein und sie als Befreiung aus einem Verblendungszusammenhang begrüßen, der schlußendlich zur Judenvernichtung unterm Nationalsozialismus geführt hat.

Wenn nicht die Wandlung wäre.

Aber lassen wir das. Warum sollten wir noch einmal von vorn anfangen, in jenem Hinterzimmer, wo der Nazarener mit seinen Genossen ein paar Bissen aß, wenn es wahr ist, und hernach mit ihnen zum Ölberg hinüberging, um dort die Nacht zu verbringen. Was damals geschehen sein könnte, läßt sich nicht mehr rekonstruieren. Fachleute bezeichnen die biblischen Geschichten von der Einsetzung des christlichen Abendmahles als Kultlegende. Ob der Nazarener in der Tat jene bedeutungsschweren Deuteworte gesprochen hat, erscheint ihnen zweifelhaft. Das ist mein Leib. Das ist der Kelch meines Blutes. Vielleicht wurden sie dem Völkerapostel Paulus in einer Vision mitgeteilt, etliche Jahre nach dem Tod Christi. Ohne Paulus kein Christentum. Nein, ich werde ganz bestimmt keine neue Kirche gründen.

Messe und Vorübergang des Herrn, schrieb mir Heinz Knienieder im September 1973, doch, das gibt es. Zum Beispiel unser letztes Gespräch: die Beteiligten kehren nicht zurück in die Eschatologie von Zimmer und Küche, sondern: es hat sich etwas verwandelt, sie nämlich, hier und jetzt.

Worüber wir damals geredet haben, weiß ich nicht mehr. Heinz hatte einen wahren Horror davor, in einer miserablen Zimmer-Küche-Wohnung Wiens langsam verelenden zu müssen, wie manche der freiberuflichen Schriftsteller und Künstler seiner Generation. Sich angesichts solcher Bedrohung durch den Besuch einer heiligen Messe trösten zu lassen, lehnte er ab. Was er sich vorstellen konnte, war die Abendmahlsfeier als direkter Bezug der Beteiligten zueinander, als Ausdruck tätiger Solidarität, vermittelt nicht über das Symbol, den Leib des Herrn, sondern den Leib des Menschen neben dir und die Erinnerung daran, daß wir arme Teufel sind. Dann ist der Herr, schrieb Heinz, nicht spurlos an uns vorübergegangen.

Solche Messen werden mittlerweile immer häufiger gefeiert, besonders dort, wo die Beschaffung der Grundnahrungsmittel zur täglichen Sorge geworden ist. Die Kirche der Armen, wie sie genannt wird, arbeitet am nächsten Kapitel in der Geschichte des Wandlungswunders.

9 Frauengeschichten

Einem Journalisten, der mich kürzlich fragte, ob ich mich für seine Zeitung zusammen mit meiner Lebensgefährtin fotografieren lassen würde, gab ich eine abschlägige Antwort. Es genügt, sagte ich ihm, wenn zweihundert oder dreihundert Menschen wissen, wie die Frau aussieht, mit der ich seit zwanzig Jahren zusammen bin.

Etliche Wochen vorher wollte ein Fernsehredakteur während eines Interviews von mir erfahren, ob ich sexuell noch aktiv sei. Ich gab eine ausweichende Antwort. Offenbar existiert es immer noch, jenes Beicht-Tribunal, das nur eine Aufforderung kennt: Sag alles. Wann, wo, wie, mit wem, wie oft. Wird man mich lossprechen?

Die beiden neugierigen Kollegen haben andere Sorgen. Sie gehören zur großen Kohorte der Ermittler für das «Archiv der Lüste», wie Michel Foucault die Sache genannt hat. Mediziner, Psychiater, Pädagogen, Psychologen, Literaten, Publizisten, Filmemacher registrieren unverdrossen die banalen Variationen eines Themas, von dem noch keine Gesellschaft so besessen war wie die unsere. Im Abendland ist der Mensch ein Geständnistier geworden, notierte Foucault. Daß es ohne die Religion nie soweit gekommen wäre, wußte er als Historiker. Leider war es ihm nicht mehr möglich, den vierten Band seiner Geschichte der Sexualität fertigzustellen, der sich mit der Seelsorge am christlichen Fleisch befassen sollte. In der Faszination vom Sex hörte Foucault das Donnerrollen des Todes. Er hatte sich nicht geirrt.

Das Thema der Selbstvorwürfe, die ich mir als Geistlicher wegen meiner Verfehlungen gegen die priesterliche Keuschheit machte, wurde zehn Jahre hindurch zum Leitmotiv der Reflexionen in meinem Journal. Ein Wort, das ich in diesem Zusammenhang öfter gebrauchte, war biblischen Ursprungs: Fleisch. Dabei war nicht an Schnitzel zu denken, sondern an den mahnenden Ausspruch des Heilands: Der Geist ist willig, aber das Fleisch ist schwach.

Ich habe zu leicht gelebt, schrieb ich im Herbst 1957. Der Kaffeehausbesuch mit den beiden Lehrerinnen war da irgendwie ein Höhepunkt – verbunden mit der neu erwachten Bedrängnis im Fleisch. Die Formulierung verdankte ich dem heiligen Paulus. Die Kolleginnen im Kaffeehaus hätten über die geschraubte Art, mit den eigenen Wünschen umzugehen, wahrscheinlich gelacht. Such dir eine Freundin, hätten sie gesagt. Ich zog es vor, mich suchen zu lassen.

Zwei unsichtbare Bezugspersonen standen den Frauen, die auf mich neugierig waren, im Weg: Maria und Jesus. Gegen eine himmlische Mutter und einen göttlichen Geliebten mußten die leibhaftigen Frauen ihre Körper in die Schlacht werfen, und schon saßen sie in der Falle, als bloße Geschlechtswesen. Schillernde Oberfläche, schrieb ich in mein Tagebuch, verführerischer, beständig wechselnder Trug der Frau, grundlose, undurchsichtige Tiefe. Warum tauche ich da hinab?

Eine gute Frage. Ehe der alte Onan in mir erwachte, hatte ich mir während eines Spaziergangs an einem trüben Januarnachmittag ohne viel nachzudenken eine Schachtel Zigarren gekauft. Bald rauchte ich eine Packung Zigaretten am Tag, mitunter auch mehr, wenn es spät wurde, und spät wurde es oft.

Die jungen Ehepaare, denen ich als Seelsorger vom lieben Gott erzählte, tranken nach der wöchentlichen Zusammenkunft im Pfarrhaus gern noch einen Schluck, und so fand ich mich häufig nach Mitternacht in einem Kaffeehaus, Knie an Knie mit der einen oder anderen christlichen Gattin. Gelegentlich kam ein sanfter Druck von der anderen Seite. Dann regte sich mein Fleisch. Wenn ich die Mutter Gottes ernstlich um den Geist der Keuschheit bitten will, schrieb ich ins Tagebuch, dann muß ich auch weniger Fleisch essen.

Den Geist der Keuschheit, falls es ihn überhaupt gibt, habe ich nie kennengelernt. Lediglich meine Schwellkörper waren lange Zeit arbeitslos geblieben, kaserniert sozusagen. Unerfahrenheit ist mit Keuschheit nicht zu verwechseln. Dann begann, spät genug, die genitale Hydraulik zu arbeiten, ohne sich um Maria und Jesus zu kümmern, und alsbald erwachte der Geist der Unzucht in mir. Er ist offenbar so allgegenwärtig, daß er sogar in der Allerheiligenlitanei auftaucht, zusammen mit den Heimsuchungen durch Ungewitter, Hungersnöte, Kriege, Seuchen und Erdbeben. *A spiritu fornicationis libera nos, Domine.* Befreie uns, o Herr, vom Geist der Hurerei. Zu meiner Beschämung war ich aus dem Paradies meiner Unschuld verstoßen worden, dem Garten der Arglosigkeit, wo die Löwen Gras fressen und die Kleinkinder mit den Schlangen spielen. Und siehe, kaum hatte ich ein paar Schritte getan, erblickte ich überall käufliche Frauen. In Wien hatten sie ihr Revier in der Gegend des Westbahnhofes. Was ist mit uns zwei, Burli?

Aber so schnell ging ich nicht mit. Ich brauchte nur an die eisigen Drohungen der Moraltheologie zu denken, und schon ergriff ich die Flucht. Jede willkürliche geschlechtliche Erregung, die nicht der Fortpflanzung innerhalb einer kirchlich beglaubigten Ehe dient, ist nach katholischer Lehre eine schwere Sünde, und wer im Zustand der schweren Sünde stirbt, wird auf ewig verdammt. Hundert engbedruckte Seiten in lateinischer Sprache verwandte das Lehrbuch, nach dem ich Moral studiert hatte, auf die Sünden gegen das sechste Gebot. Eine richterliche Prosa, geduldig, präzis und grausam wie die heilige Inquisition. Das Kondensat eines Wissens aus zwanzig Jahrhunderten priesterlicher Beobachtung menschlicher Schwächen. Keine noch so bizarre Perversion blieb darin unerwähnt.

Und siehe, auf einmal zeigte der Text auf mich. Ich war gemeint. *Motus carnales directe voluntarii, qui vel deliberate excitantur, vel quibus consensus praebetur, si sponte et involuntarie oriuntur, sunt grave peccatum.* Willkürliche fleischliche Regungen sind schwere Sünde, ob sie nun absichtlich herbeigeführt sind, oder denen, nach spontanem und unfreiwilligem Auftreten, die Zustimmung erteilt wurde.

Die Anwendung lag auf der Hand: Keine Kaffeehausbesuche mit der Familienrunde mehr!

Aber, sprach listig der Unzuchtsgeist, gehörten diese Besuche nicht zu den Obliegenheiten eines weltaufgeschlossenen Seelsorgers, ab und zu wenigstens? Ich brauchte lediglich achtzugeben, in verfänglichen Situationen einer allenfalls auftretenden fleischlichen Erregung nicht freudig zuzustimmen, und schon war ich halbwegs entschuldigt.

Ein ähnliches Problem stellte die Lektüre der Krimis von Dashiell Hammett, Raymond Chandler und Mickey Spillane dar. (Die Romane von Agatha Christie, Georges Simenon und Rex Stout, die ich ebenfalls mit großem Vergnügen las, waren gottlob gefahrlos.) Da mochte es schon vorkommen, daß mich der Text zum Betrachter einer Szene machte, die den Detektiv nach seinem harten Tagewerk mit einer betörenden Blondine im Schlafzimmer allein ließ, und schon begann sich der kleine Tunichtgut unter der Hose zu versteifen. Moraltheologisch handelte es sich dabei um das sogenannte *voluntarium in causa*, die indirekt mitgewollten Folgen eines von Hause aus harmlosen Tuns.

Auch hier argumentierte der Unzuchtsgeist gar nicht ungeschickt. Im Zweifel über die Zulässigkeit bestimmter Krimis, behauptete er, darf eine freie Entscheidung getroffen werden. Der Unzuchtsgeist vertrat die Auffassung des sogenannten Probabilismus, einer moraltheologischen Schule aus der frühen europäischen Neuzeit. Mein Gewissen beruhigte sich bei dem Gedanken, die fraglichen Krimis stellten keine *occasio proxima*, sondern höchstens eine *occasio remota*, nicht eine naheliegende, lediglich eine entfernte Gelegenheit zur Sünde dar.

Wie aber, wenn sich der Tunichtgut während der Lektüre einer bestimmten Stelle nicht bloß vorübergehend verhärtete, sondern auf einmal die Frechheit besaß, zuckend und spuckend sein Werk zu verrichten, zu dem er geschaffen war? Ich eilte zum Telefon, um das neue Problem dem Pater Weiß vorzulegen, und wurde beruhigt. Die Sache war unwillkürlich passiert.

Aber passiert war sie doch.

Mein Frühlingsbeginn durfte nicht sein. Du hast dich wirklich verändert, bemerkte der Pfarrer Zeggl von Breitensee zu mir, als ich ihn im Herbst 1959 nach längerer Zeit wieder einmal besuchte, und ich erschrak. Kurz vorher hatte ich meinen neuen Kaplansposten in Wien-Neulerchenfeld angetreten, nach sechsjähriger Tätigkeit in Wien-Favoriten. Die Versetzung beendigte meine Kaffeehausbesuche mit der Familienrunde. Jetzt war ich ein Mädchenkaplan, weil mir der Pfarrer Schmid die Seelsorge an der weiblichen Jugend anvertraut hatte. Neue Gefahren warteten auf mich. Gefährlich ist es für den Kaplan, schrieb ich später, ein Automobil zu besitzen, ein philosophisches Doktorat zu besitzen, ein Geschlechtsorgan zu besitzen.

Das sogenannte Mädchenheim im Hinterhof eines tristen Miethauses bestand aus einem leidlich geräumigen Zimmer, in dem ich die Glaubensstunden zu halten hatte. Ich hatte keine

Ahnung, wofür sich die zwanzig oder dreißig jungen Frauen interessierten, die zu den wöchentlichen Zusammenkünften erschienen. Im Fasching durften sie sich von mir eine Gruselgeschichte wünschen. Wahrscheinlich hätte ich den Mädchen die größte Freude gemacht, wenn ich ihnen das ganze Jahr hindurch Kriminalstories oder Liebesromane vorgelesen hätte. Für derlei Zerstreuungen jedoch waren die sogenannten Führerinnen da. Sie organisierten die Mädchen in Altersgruppen, übten mit ihnen Wanderlieder, regten sie zum Basteln von Weihnachtsgeschenken an und fuhren mit ihnen in die Ferien. Mit den Führerinnen wiederum hielt ich regelmäßige Besprechungen im kleinen Kreis, was eine gewisse Vertraulichkeit förderte, aber nicht einmal die leiseste Spur erotischer Spannung aufkommen ließ, weil die jungen Frauen einander diesbezüglich scharf beobachteten. Die Spannungen mußten verborgen bleiben. Mein Harem war vorzüglich bewacht, und ich war lediglich der Aufseher, wie der wackere Osmin in Mozarts «Entführung aus dem Serail».

Das Libretto für meine Rolle unter den katholischen Mädchen stammte aus der Zeit zwischen den beiden Weltkriegen, geschrieben von jugendbewegten Priestern in einer Aufbruchsstimmung voller Naturschwärmerei und Lagerfeuerromantik. Nach 1945 war davon nicht mehr viel übriggeblieben, lediglich der Wille zur «Erfassung» der Altersgruppe von 14 bis 25 in katholischen Jugendverbänden war da und ein paar Regieanweisungen von früher, für Fackelzüge zum Beispiel. Marschiert wurde immer noch, was mir ein wenig peinlich war, wegen meiner Erinnerungen an das Deutsche Jungvolk. Wir sind bereit, rufen es weit, Gott ist der Herr auch unserer Zeit. Die Pille zur Schwangerschaftsverhütung war noch nicht auf dem Markt.

Hie und da fuhr ich mit einer Mädchengruppe auf ein paar Tage in die Berge, und dann mußte ich mir zur Gestaltung der Hüttenabende etwas einfallen lassen. Was will das Weib? Stets hatte ich die «266 Spiele fürs junge Volk» dabei, erschienen 1954 im Fährmann Verlag, Wien. Vogerl, wo piepst du. Alle in ein Loch. Watteblasen. Kerzenanzünden. Mei Huat, der hat drei Ecken. Vor dem Schlafengehen nahmen wir einander an den Händen. Nun Brüder, eine gute Nacht, der hohe Herr im Himmel wacht. Von einer *occasio proxima* konnte dabei wirklich keine Rede sein, nicht einmal von einer *occasio remota*. Die Gefahr lauerte anderswo.

Sie saß neben mir im Auto, in Gestalt einer Gruppenleiterin mit nackten Beinen, zur Sommerzeit. Wir hatten an einer abendlichen Bezirkskonferenz teilgenommen. Wäre es nicht schön, nachher noch ein wenig spazierenzufahren? Dann konnte man irgendwo stehenbleiben, auf das nächtliche Wien hinunterschauen und nachholen, was man als Halbwüchsiger versäumt hatte. *Tactus, oscula, amplexus*, wie sich mein Lehrbuch der Moraltheologie ausdrückte. Berührungen, Küsse, Umarmungen. Nur wenn sich ein gerechtfertigter und vernünftiger Grund für sie finden ließ, waren sie keine schwere Sünde. Einen derartigen Grund gab es nicht. Wieder einmal war ich auf ewig verdammt, und zwar bis zur nächsten Beichte. Was in der jungen Frau vor sich ging, blieb außerhalb meiner Gewissensbisse.

Dem Tagebuch verschwieg ich meine Fehltritte. Die Pausen zwischen den Eintragungen wurden immer länger – zehn Monate, ein Jahr, zwei Jahre. Im September 1964, während trostloser Exerzitien, raffte ich mich zu einer Bilanz auf, sehr lakonisch. Der erste Kuß. Zwei Mädchen und drei Frauen. Die Affäre geht weiter. In Mariazell neuer Rückfall.

Besonders die Geschichte in Mariazell beschämte mich sehr. Der Wallfahrtsort in den steirischen Bergen, ursprünglich eine kleine Siedlung von Benediktinermönchen aus dem Jahr 1157, hat sein Zentrum in einer mächtigen gotischen Basilika mit barocker Innenausstattung, zu Ehren einer kleinen Marienfigur im romanischen Stil, gekleidet in ein brokatenes Mäntlein, mit einer goldenen Krone auf dem Kopf. Das ist die Gnadenmutter mit dem göttlichen Kind. Zu ihr pilgerten jahrhundertelang von weit her die Menschen mit ihren Sorgen, sogar aus Mähren und Ungarn. Zu dir rufen wir verlassene Kinder Evas. Öfter als einmal hatte ich unter den Augen der Gnadenmutter die Messe gelesen, während des einen oder anderen Urlaubs im August. Dann waren auch die kroatischen Frauen aus dem Burgenland in Mariazell, sangen ihre schwermütigen Lieder und beteten den Rosenkranz, stundenlang. Bitte für uns arme Sünder, jetzt und in der Stunde unseres Absterbens. Vor der Basilika gibt es die vielen Andenken zu kaufen, Gebetbücher und bemalte Teller. Wenn's Arscherl brummt, ist's Herzerl g'sund. Die Apotheke zur Gnadenmutter führt die bewährten Mariazeller Magentropfen. Gleich daneben hatte ich mein Zimmer im Hotel «Rohrbacherhof», altmodisch behaglich, mit Blick auf die Basilika.

Am 1. Mai 1964, einem Freitag, begann ein gesamtösterreichisches Treffen der Katholischen Arbeiterjugend in Mariazell. Ich war am Vorabend mit einer Abordnung meiner Mädchenschar angereist und logierte im Rohrbacherhof. Bis zum Sonntag war ich mit Gottesdiensten, Arbeitskreisen und Ausflügen in die Umgebung beschäftigt. Am Sonntagnachmittag wurde es still. Im Rohrbacherhof traf eine junge Frau aus Wien ein und bezog das Zimmer neben mir.

Spät in der Nacht, als ich wieder allein war, trat ich ans Fenster und schaute hinüber zur Basilika. Ich erinnerte mich an einen Abend in Wien, vor zwei oder drei Monaten, als ich dem Gatten meiner Geliebten unser Verhältnis gestanden hatte, mit dem Vorsatz, es zu beenden. Von der Basilika wehte ein stummer Vorwurf herüber. Die Gnadenmutter war böse auf mich. Ausgerechnet in Mariazell, wie zum Trotz, war die Liebeslust siegreich geblieben. So hascht der Mann nach der Liebe des Weibes, wie er sie zuerst von der Mutter empfing. Ganz zuletzt wird ihn die schweigende Todesgöttin in ihre Arme nehmen. Dort drüben, in der Basilika, wartete sie auf mich.

Eine feministische Theologie, die mein Verhältnis zur weiblichen Hälfte der Menschheit hätte entspannen können, gab es 1964 noch nicht. Dafür spielte man «Der Stellvertreter» von Rolf Hochhuth. Das Stück hinterließ einen häßlichen Fleck auf der weißen Soutane Papst Pius' XII. (1939–1958), des «engelgleichen Hirten», wie er genannt wurde. Gegen die Judenvernichtung hatte er nur ein paar nichtssagende Phrasen gefunden, obwohl er Bescheid wußte. Das war bis dahin nur in Fachkreisen diskutiert worden. Als das Trauerspiel von Hochhuth auf die Bühnen kam, erhob sich ein wütendes Protestgeschrei unter den Aktivkatholiken, auch in Wien. Die beiden Lektionen, die ich bei dieser Gelegenheit lernte, therapierten meinen Keuschheitskomplex, wenn auch nicht mit sofortiger Wirkung.

Erstens begriff ich, daß auch Engel ihre Fehler haben und daß es ernstere moralische Probleme gibt als den Ehebruch oder unzüchtige Berührungen.

Zweitens zeigte sich mir damals das katholische Wesen von seiner borniertesten, dümmsten und aggressivsten Seite. Es schüttelte seine Fäuste gegen den Dichter, anstatt über die traurige Wahrheit nachzudenken, die er beklagte. So fing ich an, enttäuscht von dieser Mischung aus Selbstgefälligkeit, Heuchelei und Tatsachenblindheit, einen Verdacht zu nähren. Wenn das System, dem ich diente, so fehlbar sein konnte, dann brauchte ich mich nicht mehr als Hurenbock betrachten. Vielleicht hatte das System eine Sexualneurose.

Vier Jahre später war ich soweit, mir den Satz zu gestatten: Ja, ich habe mich verändert. Diese Änderungen, schrieb ich ins Tagebuch, sind in meinen Aufzeichnungen vorwiegend negativ kommentiert – als Abfall von den Idealen der Seminarzeit. Jedoch läßt sich auch sagen, fuhr ich fort, daß ein Mensch nicht unbedingt an seiner Pubertät, an seiner Adoleszenz festhalten muß.

Als ich diese Zeilen zu Papier brachte, war ich für meine Verhältnisse ganz flott unterwegs. Die «Affäre», wie ich sie nannte, ging in ihr achtes Jahr, mit allen Höhen und Tiefen, Entsagungsperioden und Zärtlichkeitsschüben, Küssen und Tränen. Zwei heilige Sakramente der Kirche, das der Ehe und das der Priesterweihe, verfluchten und würzten unsere heimliche Beziehung. Die Fragen, die ich mir stelle, sind einfach, hat Luis Buñuel einmal gesagt. Erotik und Religion zum Beispiel. Wenn es das zweite nicht gäbe, würde das erste seinen Reiz verlieren.

Nicht alle Frauen, mit denen ich während meiner Kaplansjahre in Berührung kam, waren von der christlichen Lustfeindlichkeit stigmatisiert. Die Purkersdorferin zum Beispiel, wie sie von den Strichmädchen am Gürtel (Nähe Westbahnhof) genannt wurde, machte mir einen merkwürdigen Vorschlag, obwohl ich ihr gesagt hatte, ich sei ein Geistlicher. Von denen kommen viele, meinte die Purkersdorferin. Sie wünschte sich einen kultivierten Herrn, mit dem sie an ihren freien Sonntagen ausgehen wollte. Weil sie ohne Zuhälter arbeitete, brauchte sie etwas für das Herz. Ich stellte mir vor, wie sie mir einen Tausender zustecken würde, um die Rechnung zu bezahlen, und vielleicht noch einen Tausender für das Taxi. Brauchst mir nichts zurückgeben. Aber am Sonntag hatte ich keine Zeit. An den Sonntagabenden war ich bei meiner Mutter.

Paß halt auf, sagte meine Mutter, daß kein Kind kommt, als ich ihr von meinen Frauengeschichten erzählte. Die katholische Sexualpolitik erschien in der weiblichen Sicht der Dinge wie ein Angsttraum aus dem Inferno der düstersten Perversionen.

Auch andere Frauen zeigten sich von meiner priesterlichen Würde nicht sonderlich beeindruckt, wenn es um die handfesten Formen der Liebe ging. Sobald ich die Kutte ausgezogen hatte, war ich für sie ein Mann, für den sie sich interessierten, ohne daß dabei gleich der Himmel einstürzen mußte. Sie bedurften keiner religiösen Verbote, um den Liebesakt reizvoll zu finden. Das Spanien Buñuels ist nicht die Welt.

Im katholischen Milieu allerdings wurden Liebesbriefe geschrieben, in denen zu lesen stand: Ich habe die Sünde, die ich begehe, vom ersten Augenblick an gespürt und davon gewußt bei der ersten absichtlichen Berührung, als ich den Kopf im Auto an Deinen Arm lehnte.

Als ich diese Zeilen las, stand der päpstliche Thron noch einigermaßen fest auf seinen vier Beinen. Im Juli 1968 begann er für mich bedenklich zu wackeln, und nicht nur für mich.

Schuld daran war wieder einmal die Naturwissenschaft, diesmal im Verein mit der Pharma-Industrie. Die Pille war da, wie ein Göttergeschenk für die übervölkerte Erde. Die ewige Angst der Frauen vor unerwünschten Schwangerschaften schien für immer gebannt. In das allgemeine Aufatmen hinein platzte das Rundschreiben Papst Pauls VI. vom 25. Juli 1968 «Humanae vitae» wie ein Polizist, der dem Bräutigam auf der Hochzeitsgesellschaft ein Strafmandat überreicht. Eine Woche später gab es im österreichischen Fernsehen eine Debatte über die Pillen-Enzyklika, zu der ich eingeladen war. Auf einen Zettel notierte ich meine Einwände gegen das Dokument meines obersten Chefs, wissenschaftliche und seelsorgliche und moraltheologische Bedenken, um gut vorbereitet zu sein. Zuletzt schrieb ich den Satz: Ich halte es für die glücklichste Lösung der durch die Enzyklika aufgeworfenen Probleme, wenn wir möglichst bald einen neuen Papst bekämen.

Das sagte ich dann auch mehr oder weniger wörtlich und kam damit in die Schlagzeilen. Der geplagte Kardinal König, der über das Rundschreiben überhaupt nicht glücklich war, hielt mir am Telefon vor, es sei ungehörig, jemandem den Tod zu wünschen, und entschuldigte sich bei nächster Gelegenheit persönlich beim Papst für meinen Ausrutscher. Daraufhin ließ

135

der Pontifex ein Informationsverfahren der Glaubenskongregation, das gegen mich eingeleitet worden war, wiederum einstellen, weil er nicht den Eindruck erwecken wollte, aus persönlicher Kränkung zu handeln.

Aber die Sache war damit nicht vom Tisch. Mein fassungsloser Zorn über die anmaßende Prosa des päpstlichen Lehrbriefs ist mir unvergeßlich geblieben. Da warf sich ein alter Herr zum Richter über die intimsten Vorgänge auf, als ob er am Schlüsselloch des Schlafzimmers stünde. Sein Beharren auf der Fortpflanzungspflicht demütigte jene Ehepaare, von deren Problemen ich als Pfarrpriester betroffen war, weil ich die Kälte nicht aufbrachte, ihnen den Liebesakt zu vergällen, sobald er nicht im Dienst der Erzeugung von Babys stand. Da wurde die Religion, von der diese Menschen eine Sinngebung für ihr Leben erwarteten, zur Terrorisierung ihrer Gewissen benutzt.

Im Vergleich zu diesem unerhörten Vorgang, dessen Tragweite mir damals bewußt wurde, verblaßten meine persönlichen Schuldgefühle zu einem Gespenst, dessen Drohgebärden immer kraftloser wurden. Wie unter Zwang hatte der Papst sich abermals zu einem Thema geäußert, das für die Kirche von Anfang an zentral gewesen war, obwohl es in den Sprüchen des Heilands der Christenheit kaum auftaucht. Immer wieder, seit der Mitte des ersten nachchristlichen Jahrhunderts, als Sankt Paulus erstmals zur Feder griff, schnüffelten die christlichen Sittenwächter hinter den Ausdünstungen der Lüste her, im Dienst einer Fruchtbarkeit, die so freudlos wie möglich zu betreiben war. Die Systemlogik verlangte nach dieser Kombination. Ohne Fruchtbarkeit wäre die Kirche bald ausgestorben. Ohne Keuschheitskommando hätte die Zucht in den Gemeinden empfindlich gelitten. So senkte sich der Stachel eines unerbittlichen Vorwurfs ins christliche Fleisch, auch ins meinige, und ließ sich nicht herausziehen.

Zum Glück gab es das Fernsehen. Ende August 1969 begannen die Dreharbeiten für eine von mir vorgeschlagene Dokumentation über katholische Geistliche, die ihre Wirkungsstätten verlassen und geheiratet hatten, unter dem Titel «Gefallene Priester». Die Etikettierung war einem päpstlichen Geheimdokument aus dem Jahr 1964 entnommen, in dem es um den Zölibat ging. Unser heiligster Herr Paulus, so hieß es dort, durch die göttliche Vorsehung der sechste Papst dieses Namens, sorgt sich überaus um den Schutz und die unbefleckte Bewahrung des heiligen Zölibates; dennoch ängstigt er sich überaus um das Schicksal derer, die ihre eigene priesterliche Würde und die Bürden der heiligen Weihe vernachlässigt haben, ja bisweilen so weit gekommen sind, sich an Frauen zu binden und gelegentlich sogar eine sogenannte Ziviltrauung anzustreben.

Während der Sprecher diese feierlichen Zeilen vorlas, waren drei Männer, drei Frauen und ein Kleinkind im Bild, bei der Feier einer heiligen Messe am Tisch eines Wohnzimmers. Die Männer wurden als ehemalige Wiener Kapläne vorgestellt, die ohne Erlaubnis der kirchlichen Obrigkeit vor dem Standesbeamten geheiratet hatten und damit samt ihren Gattinnen der Exkommunikation verfallen waren. Ihr verbotenes Tun ließ ich vom Sprecher mit der Bemerkung kommentieren: Hier protestiert der Glaube gegen das Kirchengesetz.

Nach der Ausstrahlung war ziemlich viel los. Die beiden größten österreichischen Tageszeitungen brachten vernichtende Kommentare, der Priesterrat der Erzdiözese Wien verlangte die sofortige Maßregelung meiner Person, und ich lernte meine jetzige Lebensgefährtin kennen, die für ein Nachrichtenmagazin arbeitete. Der Kardinal untersagte mir jedwede Beteiligung an Radio- und Fernsehsendungen mit kirchlicher oder theologischer Thematik, im Inland und im Ausland. Über gewisse Dinge redet man nicht.

Gott läßt sinken, aber nicht ertrinken, pflegte meine Mutter zu sagen. In meinem vierzigsten Lebensjahr hatte ich ein Netto-Einkommen von 2700 Schillingen und keine Rücklagen mehr. Die Lehrkanzel für Religionswissenschaft, auf die man mir Hoffnungen gemacht hatte, war 1966 neu besetzt worden, aber nicht von mir. In mein Tagebuch schrieb ich: Mit meiner Liebe am Ende, mit der Wissenschaftskarriere am Ende, mit der konkreten Kirche am Ende? Mit dem Geld sicher am Ende. Vier Jahre Endspiel?

Ja, etwas ging zu Ende, meine Liebesgeschichte mit der verheirateten Frau. In Spanien, wo wir im Juli 1969 einen Urlaub zu dritt verbrachten, bekam ich ein silbernes Armkettchen geschenkt. Ich werde dich immer liebhaben, stand darauf eingraviert, auf spanisch, mit dem Datum dabei. So begann ein Abschied, der zwei Jahre dauerte, mit einem Psychoanalytiker im Hintergrund, für den Ehemann.

Ich las «Die Trennung der Liebenden» von Igor Caruso und einen Aufsatz von Siegfried Bernfeld aus dem Jahr 1929 über den sozialen Ort und seine Bedeutung für Neurose, Verwahrlosung und Pädagogik. Wir können seelischen Schmerz, stand dort zu lesen, die Reaktion des Ichs nennen, mit der es Verlust beantwortet. Diese wäre der Kern alles seelischen Leids, wie wir das Leid nennen können, das der gegebene soziale Ort fordert.

Der gegebene soziale Ort forderte die Trennung der Liebenden. Die Liebenden sträubten sich dagegen. Sie wollten nicht sterben. So mußte ich bittere Tränen weinen, und mein Charakterpanzer bekam ein paar Sprünge. Ich wurde verlassen. Mein lieber Schatz, schrieb mir die Geliebte, es weiß ja jeder von uns dreien, wie es wirklich ist. Heute gehe ich wieder zum Friseur, und wenn mich so was wieder freut, dann ist das Ärgste überwunden.

Im August 1970 erhielt ich den Brief von der Deutschen Verlags-Anstalt aus Stuttgart, in dem mein späterer Freund Felix

Berner sein Interesse an meinem Buchprojekt über Jesus als sozialen Abweichler bekundete.

Ich war nicht ertrunken.

Seit zwanzig Jahren lebe ich wie gesagt in einer Zweierbeziehung ohne Trauschein und mit derzeit zwei Katzen. Jeder Tag ist ein Geschenk. Im Rückblick erscheinen mir meine Verwirrungen wie eine wichtige Schule. Ich war dreißig und setzte meinen Willen aufs Lernen. Mit vierzig zweifelte ich nicht mehr. Mit fünfzig erkannte ich meine Berufung. Mit sechzig war mein Ohr aufgetan.

Mit siebzig werde ich hoffentlich den Wünschen meines Herzens folgen können, ohne das Maß zu überschreiten. Bis dahin habe ich noch ein paar Jahre Zeit.

10 Karsamstag

In den letzten fünfzehn Jahren hat mein Lebensroman etwas an Spannung verloren. Kein Kardinal ist am Telefon, kein Papst befaßt sich mit meiner Person. In die Zeitung komme ich nur dann, wenn ich wieder einmal ein Buch geschrieben habe oder nach einem Auftritt im Fernsehen, wo ich seit 1977 die ORF-Sendung «Club 2» moderieren darf, ein paarmal im Jahr. Religiöse oder kirchenpolitische Themen vertraut man mir dabei nach wie vor nicht an, um die katholischen Kreise in Österreich nicht zu verärgern. Die beiden Talare aus meiner Kaplanszeit sind im Sack einer Altkleidersammlung verschwunden. Wenn ich nicht verreist bin, sitze ich am Schreibtisch und bringe meine Gedanken zu Papier. Meine Gedanken suchen immer noch nach Antworten auf eine Frage, die ich weniger denn je zu formulieren vermag. Mit der gegenwärtigen Weltlage hat sie jedenfalls wenig zu tun.

In den Zeitungsredaktionen, Verlagshäusern, Rundfunkanstalten, für die ich arbeite, weiß man das nicht. Dort herrscht die Aktualität, und deshalb bestellen die Kolleginnen und Kollegen bei mir Texte über den Fundamentalismus, das New Age oder «Die Satanischen Verse» von Salman Rushdie. Manchmal wird auch etwas Altes wieder aktuell, zum Beispiel die Lehre von der Wiedergeburt, und dann läutet bei mir das Telefon. Öfter mal was Altes.

Gegen Abend verlasse ich meine Wohnung, spaziere eine Viertelstunde zu der Bungalow-Siedlung, wo meine Lebensgefährtin wohnt, und sprenge den Rasen. Du lebst wie einer, der keine Zeit zu verlieren hat, sagte ein Freund zu mir, vor zehn Jahren. Heute würde er das vielleicht nicht mehr sagen.

Das Reisen zu zweit, mehrmals im Jahr, unterbricht meinen Alltag. Dann verliert sich das Gefühl, der Schreibtisch sei das Zentrum meines Lebens. Ab und zu erhalte ich unterwegs einen Wink, der mir weiterhilft. Im September 1976, ein halbes Jahr nach meiner Suspendierung, fuhren wir ins dalmatinische Orebić auf der Halbinsel Pelješac nordwestlich von Dubrovnik, und wohnten zehn Tage im Sommerhaus des kroatischen Schriftstellers Petar Šegedin. Wir sind seit der Zeit mit ihm befreundet, als er aus politischen Gründen Zagreb verlassen mußte und 1973 für anderthalb Jahre nach Wien kam.

Šegedin wurde 1946 als Mitglied in die Kommunistische Partei aufgenommen und 1966 von ihr ausgeschlossen. In seinen Erinnerungen an die kommunistische Sache tauchte immer wieder ein Rilke-Zitat auf, wie ein Motto: O namenlose Scham. Es stammt aus dem Gedicht «Der Ölbaum-Garten». Wir machten einen Ausflug nach Dubrovnik. Als wir heimfuhren, war es bereits Nacht. Ich hielt das Lenkrad, und Šegedin erzählte im Finstern von der Bitterkeit jener Jahre, in denen er in Ungnade gefallen war, als manche Schriftstellerkollegen ihm auf der Straße auswichen, um nicht mit ihm sprechen zu müssen. O namenlose Scham. Das war das erste Mal für mich, daß ich mir meine eigene Verletzung eingestand, während neben mir ein langes Schweigen gebrochen wurde. Später habe ich das Rilke-Gedicht gelesen, in dem jene namenlose Scham auftaucht. Ich bin allein mit aller Menschen Gram, den ich durch Dich zu lindern unternahm, der Du nicht bist. O namenlose Scham...

So redet ein trostloser Jesus, preisgegeben von den Vätern

und ausgeschlossen aus der Mütter Schoß, vor seinem Ende. Später erzählte man: ein Engel kam. Warum ein Engel? Ach es kam die Nacht und blätterte gleichgültig in den Bäumen. Die Jünger rührten sich in ihren Träumen. Warum ein Engel? Ach es kam die Nacht.

Ausgeschlossen. Seither habe ich eine dunkle Zuneigung zu Ölbäumen und Olivengärten. Ich finde Dich nicht mehr. Nicht in mir, nein. Nicht in den andern. Nicht in diesem Stein. Ich finde Dich nicht mehr. Ich bin allein.

In Italien sind wir mindestens einmal im Jahr, nicht nur wegen der Olivenbäume. Dann wandere ich in den schönen alten Kirchen herum und fühle mich begütigt, falls nicht irgendein scharfes Putzmittel die Stimmung stört. Santa Maria degli Angeli in Rom zum Beispiel, von Michelangelo in die Diokletiansthermen hineingebaut, hat den richtigen Geruch. Dort sind mir 1978 an einem sonnigen Januarmorgen die Tränen gekommen, als ich einen alten Priester die Messe lesen sah, vor wenigen Gläubigen, die auch nicht mehr jung waren. Der Petersdom ließ mich kalt. Dieser neue Papst, schrieb ich ein halbes Jahr später in mein Journal, ist mir gleichgültig. Die Aura ist weg.

Die Kathedrale von Chartres empfing mich Ende August 1987 unverändert freundlich, während einer Fahrt in die Bretagne. Es ging schon gegen Abend. Ganz allein umschritt ich den Chor auf den abgetretenen Steinen. Dann fiel ein letzter Sonnenstrahl durch das Fenster einer Seitenkapelle und ließ die Farben aufleuchten. Ein gutes Omen.

Auch die Kirche des Collegio Papio in Ascona habe ich gern, wegen einer bestimmten Erinnerung. Im September 1971 lud mich mein Schulfreund Helmut Bischof, der in die Schweiz übersiedelt ist, zu einem gemeinsamen Urlaub nach Ascona ein. Er wollte mit mir philosophieren. Ich schlug als Studienbehelf «Die Abenteuer der Dialektik» von Merleau-Ponty vor.

Die Geschichte arbeitet sich an einer konfus gestellten Frage ab, schrieb Merleau. Wir werden in der Menschheitsgeschichte nicht erwähnt, sagte Helmut, so wie die meisten Leute. Wir sind nicht Napoleon. Helmuts Frage lautete: Wer bin ich? Er hatte bereits mit achtzehn gewußt, daß Gott sich nicht finden ließ, und die Bücher von Sartre gelesen. Ich war Priester geworden. Ich schlug vor, die Frage anders zu stellen. Was haben wir zu tun?

Ob ich in der Kirche des Collegio Papio eine Messe gelesen habe, weiß ich nicht mehr. Ich sehe mich in einer Bank sitzen und nach vorn zum Altar blicken, irgendwie von Gott verlassen. Der Gedanke an ein gottloses Beten, der mir damals kam, tröstete mich. Actus purus, notierte ich später, reine Intentionalität.

Damit lebe ich bis heute. Nach einer Lesung aus meinen Büchern wurde ich vor ein paar Jahren nach meinem persönlichen Glauben gefragt. Ich hätte das Gefühl, sagte ich darauf, immer wieder Wellen auszusenden, wegen des Bedürfnisses, mich auf etwas Umgreifendes beziehen zu müssen. Aber es kommt nichts zurück, sagte darauf eine Frau in der ersten Reihe. Sie hatte mich richtig verstanden. Die *intentio pura*, wie ich sie mittlerweile nenne, bedarf keiner Antwort.

Dazu schrieb mir der Philosoph Peter Strasser, mit dem ich seit 1983 korrespondiere: Das, was Du mit einem sehr schönen Ausdruck *intentio pura* nennst, übersetze ich für mich als Verlangen nach dem, was nicht Gegenstand eines Verlangens werden kann. Ich glaube, es war Deine Scheu, ja fast Dein Widerwille, über diesen unmöglichen Gegenstand Deiner *intentio pura* mir gegenüber zu reden, die in mir den Eindruck verstärkte, hier ist einer, der es auf eine tiefe Weise ernst meint mit dem, was er sagt. Unseren TV-Pfarrern dämmert nicht, wie deutlich ihre ungenierte Manier, über die heiligen Dinge zu salbadern, zeigt, daß diese ihnen zu nah und zu fern geworden sind; daß sie ihnen, den Maulhelden des Glaubens, kein – wie

143

immer auch paradoxer, ja unmöglicher – Gegenstand Deiner *intentio pura* mehr sind. Ich assoziiere mit dem unmöglichen Gegenstand eigentlich nicht den Begriff «Gott»; darin wurzelt, wenn Du so willst, meine Ungläubigkeit. Der unmögliche Gegenstand meines Verlangens ist die Welt, die nicht gerechtfertigt zu werden braucht. Und den Seligkeitsaugenblick gibt es. Er ist der fraglose Horizont einer langen, mühsam und nutzlos gestellten Frage, die, hätte sie eine Antwort gefunden, falsch gestellt gewesen wäre...

Lang nicht so freundlich wie diese Exegese meiner gegenwärtigen Befindlichkeit war der briefliche Wunsch eines «Vollerleuchteten», der einige meiner Bücher gelesen hatte, unerträgliche Schmerzen möchten meine Gottesbeziehung reaktivieren. Bei solchen Erleuchteten ist Vorsicht geboten.

Meine intensivste Reisetätigkeit dauerte vom Herbst 1979 bis zum Frühjahr 1981. Damals war ich insgesamt mehr als fünf Monate unterwegs, für eine sechsteilige Fernsehdokumentation im Auftrag des ZDF, unter dem Titel «Religionen». Ägypten, Israel, Indien, Sri Lanka. Was ich in diesen Ländern erlebte, ließ mir die europäische Religiosität, meine eigene mit eingeschlossen, wie ein Kaffeekränzchen älterer Damen in einem Pfarrhaus erscheinen.

Besonders gern erinnere ich mich an das Vorzimmer der Kairoer Residenz des koptischen Papstes Chenouda III., wo ich mit einem befreundeten Journalisten auf eine Audienz wartete. Ein älteres Ehepaar, das ebenfalls im Warteraum saß, wurde vom Sekretär nach dem Anlaß der Vorsprache gefragt. Die beiden schilderten, so wurde mir übersetzt, ein recht umständliches Rechtsgeschäft, einen Streitfall, in dem es um Grundstücke und Hausanteile ging.

Ja aber was hat denn Seine Heiligkeit mit alldem zu tun?

Er soll einen Engel schicken und ihm befehlen, unsere Sache zu regeln.

Der Sekretär war mit dieser Antwort überhaupt nicht zufrieden und schickte das Ehepaar fort, was ich ihm nie verziehen habe.

Die Selbstverständlichkeit des Umgangs mit den unsichtbaren Mächten, die unsereinem längst abhanden gekommen ist, gedeiht offensichtlich nur in Verhältnissen, die wir als unterentwickelt bezeichnen. Wer die Schwelle zu den Segnungen des Fortschritts überschreitet, muß durch die Desinfektion der Aufklärung. Hernach glaubt er nicht mehr an Engel und Teufel, sondern an Zinseszinsen und Neurosen. Gegen diese Prozedur wehren sich die Fundamentalisten. In Kairo filmten wir im März 1980 den ägyptischen Staatspräsidenten Anwar as-Sadat während des Freitagsgebets. Anderthalb Jahre später war Sadat tot – erschossen von Fundamentalisten. Mit meiner *intentio pura* werde ich weder bei den Moslembrüdern noch unter katholischen Abtreibungsgegnern viel Glück haben.

In Wien lebe ich wie in einem großen Freilichtmuseum voll alter Paläste, Kirchen und Häuser. Barock, Biedermeier und Gründerzeit bestimmen das Stadtbild. Das meiste ist liebevoll instand gesetzt. Im Zentrum fotografieren die Japaner. Serben und Türken kehren die Straßen, Ägypter und Inder verkaufen die Tageszeitungen. Die Polizei paßt auf, daß keine unerwünschten Fremden einreisen. Gewaltverbrechen sind selten. Die Neigung zum Antisemitismus ist weit verbreitet. Kaum zehn von hundert Katholiken besuchen regelmäßig den Gottesdienst. Die Heurigenlokale an der Peripherie, wo der Wein kellerfrisch ausgeschenkt wird, sind auch wochentags voll.

New York, wo Fred Morton lebt, ist weniger gemütlich. Ich bin 1967 und 1973 dort gewesen und spüre kein besonderes Verlangen, die Stadt wiederzusehen. In einem seiner Bücher benutzt Morton die Schilderung einer Busfahrt durch Manhattan zu einer religionsphilosophischen Reflexion über die letzten sechstausend Jahre. Die Geschichte, die er zu erzählen hat, endigt mit ungeweinten Tränen und einer Frage. Wer hat meines Vaters Sabbat gestohlen?

In Wien-Hernals, vor dem Jahr 1938, das die österreichischen Juden zum Ungeziefer machte, lief der kleine Fritz Mandelbaum, wie er damals hieß, jeden Samstag zu Mittag nach dem Kindergottesdienst in der Synagoge nach Hause. Dort legte er seine Schultasche, erzählt Morton, auf den Schreibtisch seines Vaters, der auf ihn gewartet hatte. Das Rollpult wurde zugemacht. Der Sabbat fing an, Wirklichkeit zu werden. Dann gingen Vater und Sohn durch die Räume ihrer Metallwarenfabrik, um alle Türen zu verschließen. Einmal drehte der Vater den Schlüssel, das zweite Mal durfte der Bub sperren. Zuletzt fiel die Tür des Hauptportals ins Schloß. Der Sabbat hatte begonnen.

Für Morton ist das gegenwärtige Weltgeschehen eine Fabrik, die keinen Sabbat mehr kennt. Wer hat meines Vaters Sabbat gestohlen? Nirgendwo ist ein Dieb sichtbar. Trotzdem ist in der Generation, der Fred und ich angehören, das Gefühl, beraubt worden zu sein, schmerzlich und stark. Nicht nur die Frömmigkeit der Vorfahren ist verschwunden. Auch ihre Umgangsformen mit dem Wahren, Guten und Schönen sucht man so vergeblich wie den Goldenen Schnitt in der heutigen Architektur oder den Kontrapunkt in der neueren Musik. Als ich vor einigen Jahren meine Geige schließlich weggab, nachdem ich sie seit langer Zeit nicht mehr gespielt hatte, erinnerte mich die Unwiderruflichkeit dieses Abschieds an mein Verhältnis zur Religion. In beiden Fällen waren mir erlernte Geläufigkeiten allmählich abhanden gekommen, ohne daß ich hätte sagen können, ich wäre ihrer überdrüssig geworden. Ich weiß, daß ich nicht der einzige bin, dem es so ergangen ist. Deshalb wundere ich mich gelegentlich, daß es immer noch Symphonieorchester gibt, so wie ich mich wundere, daß es immer noch Menschen gibt, die jeden Sonntag zum Gottesdienst eilen. Der Gedanke, mit dem Geigenspiel wiederum anzufangen, ist mir noch nie gekommen. Ich habe auch kein Bedürfnis, in die Oper zu gehen oder ein Konzert zu besuchen, geschweige denn Schallplatten zu hören. Das, was überall aus den Lautsprechern kommt, in Gaststätten, Supermärkten und Flughäfen, hat im Englischen bereits einen Namen, der wie eine Verhöhnung dessen wirkt, was Musik einmal war. Muzak. Wer hat meine Geige gestohlen?

Freds Busfahrt durch Manhattan geschieht an einem Samstag. Das ist in der Bibel der siebente Tag, an dem Gott ruhte von seinem ganzen Werk, das er gemacht hatte. Davon ist im Straßenlärm von Manhattan nichts zu bemerken. Um etwas vom Samstagsfrieden zu erhaschen, muß Fred in seine Kindheit zurück.

Auch für mich hat der Samstag ein Geheimnis, weil er zwischen dem Karfreitag und dem Ostersonntag liegt. Am Karsamstag rastet der tote Gott im Grab, und daher findet der Gottesdienst erst am Abend oder in der Nacht statt, als Übergang zum Halleluja der Auferstehung. Tagsüber schaut es am Karsamstag in den Kirchen so aus wie in meiner Seele.

Im Jahr 1976 verfaßte ich für die amerikanische Ausgabe meines Buches «Tod und Teufel» einen Klappentext über die Bedeutung des Karsamstags. Meine Situation, in der ich diese Zeilen zu Papier brachte, hat sich nicht geändert. Ich schrieb:

Mein Buch beginnt, ohne daß dies erwähnt wird, am Aschermittwoch, und es endigt am Karsamstag. Sein langsamer Rhythmus ist jener der Fastenzeit, in der die Orgel schweigen soll. Die alten frommen Bilder werden mit violetten Tüchern bedeckt, und sogar das Kreuz wird verhüllt. Das Verhängen der tröstlichen Bilder aus der religiösen Epoche der Menschheit geschieht in meinem Buch nach und nach, aber unerbittlich. Zuletzt, am Karsamstag, verstummen auch die Gebete. In dieser Stille zwischen Bangigkeit und Zuversicht, während draußen die Vögel singen und der Heiland im Grab liegt, bereitet sich eine Entscheidung vor. Wie sie ausfällt, kann man nicht wissen.

So sinke auch ich in meine Kindheit zurück, an der Hand meiner Mutter, die mit mir die heiligen Gräber besuchen ging, am Vormittag des Karsamstags. Die Menschen bewegen sich wie die Schatten im Totenland, langsam und schweigend. Da und dort flackern Kerzen, schimmern Reflexe von vergoldeten Engeln. Ich bin nicht mehr wichtig. Wir sind sehr viele. Wie im Traum höre ich Hitlers Telefonnummer. Eine alte Dame neben mir sagt zu ihrer Freundin, daß man bei Iliescu nicht mehr einkaufen kann. Der erblindete Sartre wendet sich zum Gehen. Ich habe meinen Glauben verloren, sagt eine andere Frau zu mir, und wir müssen beide weinen. Dann wische ich meine Tränen ab und trete aus der Kirche ins Freie.

Anmerkungen

Die Zahlen am Rand verweisen auf die jeweilige Seite des Textes, auf die sich die Anmerkungen beziehen. Öfters angeführte Arbeiten werden das erste Mal bibliographisch voll ausgewiesen und in der Folge abgekürzt zitiert.

S. 9 *Die Totenmesse*: Am 23. Juli 1989.

S. 10 *Der Schriftsteller Frederic Morton*: Auf deutsch erschien von ihm zuletzt «Wetterleuchten 1913/1914» (Wien: Ueberreuter, 1990).

S. 10 *Eine Art spiritueller Autobiographie*: Autobiographische Passagen finden sich auch in meinen Büchern «Tod und Teufel» (Stuttgart: Deutsche Verlags-Anstalt, 1973), «Mystik für Anfänger» (Stuttgart: Deutsche Verlags-Anstalt, 1977), «Lieber Papst» (Frankfurt am Main: Ullstein, 1983), «Religionen» (Frankfurt am Main: Ullstein, 1984), «Der Fisch aus der Tiefe oder Die Freuden der Keuschheit» (Reinbek bei Hamburg: Rowohlt, 1990), «Mitleid» (Reinbek bei Hamburg: Rowohlt, 1990). Ich habe mir Mühe gegeben, Wiederholungen zu vermeiden.

S. 14 *Wie eine Bande von Gangstern*: Vgl. Karlheinz Deschner, Kriminalgeschichte des Christentums, Reinbek bei Hamburg: Rowohlt, 1986 ff.

S. 16 *Nichtigkeit, nur Nichtigkeit*: Prediger 1,2.14.

S. 16 *Martha, Martha*: Lukasevangelium 10,41.

S. 17 *Die Dinge zu durchbrechen*: Hermann Kunisch (Hg.), Ein Textbuch aus der altdeutschen Mystik, Hamburg: Rowohlt, 1958, 44.

S. 19 *Ein eigenes Kapitel*: Vgl. Benno Müller-Hill, Tödliche Wissenschaft. Die Aussonderung von Juden, Zigeunern und Geisteskranken 1933–1945, Reinbek bei Hamburg: Rowohlt, 1985. – Das «Gutachten Holl» wurde veröffentlicht in: Horst Seidler – Andreas Rett, Das Reichssippenamt entscheidet. Rassenbiologie im Nationalsozialismus, Wien: Jugend und Volk, 1982, 23–25; 198–203.

S. 20 *Es gibt keine guten Väter*: Jean-Paul Sartre, Die Wörter, Reinbek bei Hamburg: Rowohlt, 1968, 12.

S. 20 *Von psychologischer Seite*: Vgl. Karl Guido Rey, Das Mutterbild des Priesters. Zur Psychologie der Priesterberufung, Zürich: Benziger, 1969.

S. 21 *In der tiefenpsychologischen Sichtweise*: Vgl. dazu Eugen Drewermann, Kleriker. Psychogramm eines Ideals, Olten: Walter, 1989.

S. 24 *Quia non sumus consumpti*: Lateinische Karsamstagsliturgie, Matutin, erstes Nocturn. (Vgl. Klagelieder 3,22.)

S. 24 *Die Toten ruhn*: Bertolt Brecht, Mutter Courage und ihre Kinder, Frankfurt am Main: Suhrkamp, 1974, 9.

S. 24 *Eine sozialwissenschaftliche Umfrage*: Traugott Lindner – Leopold Lentner – Adolf Holl, Priesterbild und Berufswahlmotive, Wien: Herder, 1963.

S. 30 *Wer die Wahrheit tut*: Johannesevangelium 3,21.

S. 30 *Ich bin das Licht der Welt*: Johannesevangelium 8,12.

S. 30 *Das wahre Licht*: Johannesevangelium 1,9.

S. 30 *Und das Licht scheint*: Johannesevangelium 1,5.

S. 31 *Ich werde euch nicht als Waisen*: Johannesevangelium 14,18.

S. 31 *Zu Menschenfischern*: Markusevangelium 1,17.

S. 31 *Gehet hin und prediget*: Markusevangelium 16,15.

S. 31 *Nach der Ordnung des Melchisedech*: Hebräerbrief 7,11.

S. 31 *König von Salem*: Hebräerbrief 7,1; vgl. Genesis 14,18; Psalm 110,4.

S. 31 *Christus aber*: Hebräerbrief 9,11.12.

S. 32 *In der Bibel ist zu lesen*: Genesis 14,18.

S. 33 *Sollte einer behaupten*: Vgl. Henricus Denzinger – Adolfus Schönmetzer, Enchiridion Symbolorum, Barcelona: Herder, 1973, Nr. 1773.

S. 33 *Im Frühjahr 1966*: Vgl. Werner Harenberg, Jesus und die Kirchen, Stuttgart: Kreuz, 1966.

S. 34 *Die Berichte über eine körperliche Auferstehung*: Harenberg, a. a. O., 211.

S. 34 *Daß der Nazarener*: Harenberg, a. a. O., 42.

S. 35 *Der Kardinal zeigte sich bestürzt*: «Die Presse», 3. / 4. 12. 1966.

S. 35 *Das Professorenkollegium*: «Die Presse», 22. 12. 1966.

S. 35 *Die Vorbereitung eines Vortrags*: Vgl. Franz Kardinal König, Kirche und Kommunikation, in: Neues Forum 14 (1967), Heft 167 / 168, 813–819.

S. 35 *Über einen Halbsatz*: Johannesevangelium 1,13.

S. 37 *Die Abhandlung eines katholischen Exegeten*: Josef Blank, Kirchliches Amt und Priesterbegriff, in: Weltpriester nach dem Konzil, München: Kösel, 1969, 13–52.

S. 38 *Meine These lautete*: Vgl. Adolf Holl, Abweichler Jesus, in: Neues Forum 16 (1969), Heft 186 / 187, 422–425.

S. 39 *Zum Bestseller geriet*: Adolf Holl, Jesus in schlechter Gesellschaft, Stuttgart: Deutsche Verlags-Anstalt, 1971.

S. 40 *Wenn dieses Werk von Menschen stammt*: Apostelgeschichte 5,38f.

S. 40 *Warum die Amtskirche ihrem Kaplan Holl*: «Neue Kronen Zeitung», 20. 6. 1975.

S. 41 *Deshalb steht Jesus*: Friedrich Nietzsche, Der Antichrist, Nr. 32.

S. 42 *Er macht sich aus allem Festen nichts*: Ebd.

S. 44 *Die biblische Geschichte von der Berufung Samuels*: Erstes Buch Samuel 3,1–18.

S. 52 *Viele sind berufen*: Matthäusevangelium 22,14.

S. 54 *Meister, was muß ich tun*: Matthäusevangelium 19,16–22 und Parallelen.

S. 58 *Die tungusischen Schamanen*: Vgl. Ioan M. Lewis, Schamanen, Hexer, Kannibalen, Frankfurt am Main: Athenäum, 1989, 115.

S. 59 *Ich werde etwas tun*: Erstes Buch Samuel 3,11.

S. 60 *Die erste Einführung*: Friedrich Kronseder (Hg.), Das Leben in Gott, Regensburg: Pustet, o. J. – Friedrich Kronseder (Hg.), Im Banne der Dreieinigkeit, Regensburg: Pustet, 1935.

S. 60 *Der anonyme Kartäuser*: Es handelte sich um P. Jean-Baptiste Porion OCart., gest. 1987. (Briefliche Mitteilung des Priors von La Valsainte vom 15. 3. 1991 an den Verfasser.)

S. 61 *Wir begnügen uns nicht mehr damit*: Kronseder, Das Leben in Gott, a. a. O., 11.

S. 62 *Auf knapp hundert Seiten*: Ignatius von Loyola, Die Exerzitien, Einsiedeln: Johannes Verlag, 1962.

S. 62 *Unter geistlichen Übungen*: Die Exerzitien, a. a. O., 7.

S. 63 *Auf den Berg Tabor stieg*: Matthäusevangelium 27,1–9 und Parallelen.

S. 67 *Trick mit dem Seil*: Vgl. Mircea Eliade, Schamanismus und archaische Ekstasetechnik, Frankfurt am Main: Suhrkamp, 1980, 402.

S. 67 *Holocaustum et victimam*: Psalm 40,7 f.

S. 67 *Von einer Frau namens Martha*: Lukasevangelium 10,38–42.

S. 71 *Da bleibt die Seele in ihrem innersten Grunde*: Vgl. Aloysius Alkover (Hg.), Die Seelenburg der heiligen Theresia von Jesu, München: Kösel, 1970, 209.

S. 72 *An den Flüssen von Babel*: Psalm 137.

S. 72 *Ich habe gegen dich*: Apokalypse 2,4 f.

S. 74 *Die Luft wird klar werden*: Romano Guardini, Das Ende der Neuzeit, Basel: Heß, 1950, 129.

S. 74 *Das freie Wort*: Vgl. Anton Pelinka, Windstille. Klagen über Österreich, Wien: Medusa, 1985, 40–42.

S. 77 *Sein letztes Werk*: Albert Mitterer, Die Entwicklungslehre Augustins im Vergleich mit dem Weltbild des hl. Thomas und dem der Gegenwart, Wien: Herder, 1956.

S. 77 *Die sicherste Gewähr*: Mitterer, Entwicklungslehre, a. a. O., 327.

S. 78 *Hatte Papst Pius X. entschieden*: Denzinger – Schönmetzer, Enchiridion, a. a. O., Nr. 3421.

S. 79 *Ich war fünfzehn*: Pierre Do-Dinh, Konfuzius, Reinbek bei Hamburg: Rowohlt, 1960, 27.

S. 80 *Augustinus ist der Schöpfer der abendländischen Theologie*: Aurelius Augustinus, De Ordine. Erste deutsche Übertragung von Carl Johann Perl, Paderborn: Schöningh, 1947, XXI.

S. 80 *In einen Toten tritt man ein*: Jean-Paul Sartre, Der Idiot der Familie, Reinbek bei Hamburg: Rowohlt, 1977, 8.

S. 81 *Zwei Wegen können wir folgen*: Augustinus, De Ordine, a. a. O., 51.

S. 82 *Ebendieses behauptete*: Albert Mitterer, Mas occasionatus oder zwei Methoden der Thomasdeutung, in: Zeitschrift für katholische Theologie 72 (1950), 80–103.

S. 85 *Wenn einer nicht bekennt*: Denzinger – Schönmetzer, Enchiridion, a. a. O., Nr. 263.

S. 86 *Pisteuomen eis hena theon*: Denzinger – Schönmetzer, Enchiridion, a. a. O., Nr. 150.

S. 86 *Eine einzige ist die universelle Kirche*: Denzinger – Schönmetzer, Enchiridion, a. a. O., Nr. 802 (4. Laterankonzil vom 11. bis zum 30. November 1215).

S. 89 *Im Jahr 1964 wurde ich eingeladen*: Das «Institut für Höhere Studien und Wissenschaftliche Forschung» in Wien besteht seit 1963.

S. 91 *Meine beiden Dissertationen*: Adolf Holl, Augustins Bergpredigtexegese nach seinem Frühwerk De Sermone Domini in Monte Libri Duo, Wien: Herder, 1960. – Adolf Holl, Seminalis Ratio. Ein Beitrag zur Begegnung der Philosophie mit den Naturwissenschaften, Wien: Herder, 1961.

S. 91 *Meine Habilitationsschrift*: Adolf Holl, Die Welt der Zeichen bei Augustin. Religionsphänomenologische Analyse des 13. Buches der Confessiones, Wien: Herder, 1963.

S. 91 *Meine Anmerkungen*: Aurelius Augustinus, Dreizehn Bücher Bekenntnisse. Übertragen von Carl Johann Perl. Mit Anmerkungen von Adolf Holl, Paderborn: Schöningh, 1964, 402–496.

S. 91 *Eine längere Abhandlung*: Adolf Holl, Signum und Chiffre. Eine religionsphilosophische Konfrontation Augustins mit Karl Jaspers, in: Revue des Études Augustiennes XII (1966), 157–182.

S. 91 *Das fühllose Auge der Möwe*: Vgl. Alain Robbe-Grillet, Der Augenzeuge, Frankfurt am Main: Suhrkamp, 1986, 9.

S. 92 *An seiner philosophischen Dissertation*: Heinz Knienieder, Negation und Tradition der Philosophie in der Marxschen Ideologiekritik. Zum Problem des Selbstmißverständnisses von Kritik als Wissenschaft in der Rezeption des Historischen Materialismus, Wien: Edition S, 1989.

S. 93 *Eines der Bücher*: François Houtard – André Rousseau, Ist die

Kirche eine antirevolutionäre Kraft, München/Mainz: Kaiser/ Grünewald, 1973.

S. 93 *Ich schrieb*: Holl, Jesus in schlechter Gesellschaft, a. a. O., 101.

S. 93 *Lieber Herr Dozent*: Briefe vom 8. 4. und 15. 7. 1970 an den Verfasser.

S. 94 *Die Kirche konnte alles in Frage stellen*: Pelinka, Windstille, a. a. O., 42.

S. 94 *Lieber Adolf*: Brief vom 8. 9. 1982 an den Verfasser.

S. 94 *Ich habe das geistliche Gewand abgelegt*: Sartre, Die Wörter, a. a. O., 144.

S. 95 *Ich wurde ein Verräter*: Sartre, Die Wörter, a. a. O., 135.

S. 95 *Das Meßbuch der heiligen Kirche*: Anselm Schott, Das Meßbuch der heiligen Kirche. Mit liturgischen Erklärungen und kurzen Lebensbeschreibungen der Heiligen, Freiburg: Herder, 1939.

S. 96 *Der Erzvater Jakob*: Genesis 28,10–19.

S. 97 *Wir glauben nicht*: Zitiert nach G. van der Leeuw, Phänomenologie der Religion, Tübingen: J. C. B. Mohr, 1956, 529.

S. 97 *Später kehrte er zurück*: Genesis 35,1–8.

S. 97 *Wie der König Jerobeam*: Erstes Buch der Könige 12,28 f.

S. 100 *Fängt die Weisheit an*: Psalm 111,10 (vgl. Sprüche 1,7; Sirach 1,14).

S. 104 *Einen Kehrvers*: Vgl. dazu Hieronymus Frank, Hodie caelesti sponso iuncta est ecclesia. Ein Beitrag zur Geschichte und Idee des Epiphaniefestes, in: A. Mayer u. a. (Hg.), Vom christlichen Mysterium. Gesammelte Arbeiten zum Gedächtnis von Odo Casel, Düsseldorf, 1951, 192–226.

S. 104 *Die heilige Hochzeit*: Vgl. Hans Peter Duerr, Sedna oder Die Liebe zum Leben, Frankfurt am Main: Suhrkamp, 1984, 142–162.

S. 105 *Gar auch die Wandlungsworte*: Siehe Kapitel 8.

S. 106 *Hieß es offiziell*: Konstitution über die heilige Liturgie, in: Lexikon für Theologie und Kirche. Das Zweite Vatikanische Konzil, Teil 1, Freiburg: Herder, 1966, 33.

S. 106 *Der sogenannten liturgischen Bewegung*: Sie hatte in der Zeit zwischen den beiden Weltkriegen im deutschsprachigen Raum ihre wichtigsten Zentren in der Benediktinerabtei Maria Laach (Rheinland-Pfalz) und im Chorherrenstift Klosterneuburg bei Wien, fand in der katholischen Jugendbewegung ein lebhaftes Echo und wurde zum wichtigsten Faktor der kirchlichen Erneuerung.

S. 112 *Zur Wandlung zu läuten*: In meinen Büchern «Tod und Teufel» (a. a. O., 235–247), «Mystik für Anfänger» (a. a. O., 175–193) und «Der Fisch aus der Tiefe» (a. a. O., 171–182) finden sich weitere Passagen über das Wandlungsgeschehen.

S. 114 *Ein langes Interview*: Neues Forum, Jänner/Februar 1976, 31–40; März 1976, 31–40.

S. 116 *Nach dem Zeugnis des Hebräerbriefes*: Hebräerbrief 9,11–13 (vgl. 5,6; 7,21–28).

S. 118 *Ihre frühesten Texte*: Vgl. Josef Andreas Jungmann, Missarum Solemnia. Die genetische Erklärung der römischen Messe, Wien: Herder, 1948, Band 1, 63–76.

S. 119 *Für den Katholiken*: E. Hennings-Ball, Hugo Balls Weg zu Gott, München, 1931, 42.

S. 123 *Im Jahr 418*: Eine Zusammenstellung der die Juden betreffenden Gesetze von 300–800 n. Chr. bietet James Parker, The Conflict of the Church and the Synagogue, Cleveland, 1961, 379–391.

S. 123 *Als Kultlegende*: Vgl. den Artikel «Abendmahl», in: Religion in Geschichte und Gegenwart, Band 1, Tübingen: J. C. B. Mohr, 1986, 10–21.

S. 123 *Eschatologie von Zimmer und Küche*: Anspielung auf die christliche Lehre «von den letzten Dingen» (Tod, Weltende, Jüngstes Gericht, Ewigkeit).

S. 125 *Das Archiv der Lüste*: Michel Foucault, Der Wille zum Wissen, Frankfurt am Main: Suhrkamp, 1977, 82. – Von der «Geschichte der Sexualität» (deutsch: «Sexualität und Wahrheit») Foucaults sind ferner erschienen «Der Gebrauch der Lüste» (Frankfurt am Main: Suhrkamp, 1989) und «Die Sorge um sich» (Frankfurt am Main: Suhrkamp, 1989).

S. 125 *Ein Geständnistier*: Foucault, Der Wille zum Wissen, a. a. O., 77.

S. 125 *War es ihm nicht mehr möglich*: Foucault starb 1984.

S. 126 *Das Donnerrollen des Todes*: Foucault, Der Wille zum Wissen, a. a. O., 186.

S. 126 *Der Geist ist willig*: Matthäusevangelium 26,41.

S. 126 *Bedrängnis im Fleisch*: 1. Korintherbrief 7,28.

S. 127 *Wo die Löwen Gras fressen*: Vgl. Jesaja 11,6–8.

S. 128 *Das Lehrbuch*: H. Noldin – A. Schmitt, Summa Theologiae Moralis, Barcelona: Herder, 1951.

S. 128 *Motus carnales*: Noldin – Schmitt, Summa, a. a. O. Complementum Primum De Sexto Praecepto et de Usu Matrimonii 47.

S. 129 *Gefährlich ist es für den Kaplan*: Holl, Tod und Teufel, a. a. O., 20.

S. 131 *Tactus, oscula, amplexus*: Noldin – Schmitt, Summa, a. a. O., Complementum Primum 50.

S. 132 *So hascht der Mann*: Vgl. Sigmund Freud, Das Motiv der Kästchenwahl, in: Studienausgabe Band X, Frankfurt am Main: S. Fischer, 1969, 193.

S. 133 *Dafür spielte man*: Rolf Hochhuth, Der Stellvertreter, Reinbek bei Hamburg: Rowohlt, 1963.

S. 134 *Die Fragen, die ich mir stelle*: «Der Spiegel», 35/1977.

S. 136 *Ein Informationsverfahren*: Die Nachricht von der Einstellung wurde mir am 14. 5. 1969 von Dr. Richard Barta, dem damaligen Leiter der Katholischen Presse-Agentur Österreichs, telefonisch übermittelt. Von der Einleitung eines Informationsverfahrens gegen mich hatte ich bis zu diesem Zeitpunkt keinerlei Kenntnis.

S. 137 *Nach der Ausstrahlung*: Am 12. 9. 1969.

S. 138 *Ich las*: Igor A. Caruso, Die Trennung der Liebenden. Eine Phänomenologie des Todes, Bern: Hans Huber, 1968. – Siegfried Bernfeld, Antiautoritäre Erziehung und Psychoanalyse. Ausgewählte Schriften, Band 1, Frankfurt am Main: März Verlag, 1969, 198–211.

S. 138 *Wir können seelischen Schmerz*: Bernfeld, Antiautoritäre Erziehung, a. a. O., 201.

S. 139 *Ich war dreißig*: Vgl. Anmerkung zu S. 79.

S. 143 *An einer konfus gestellten Frage*: Maurice Merleau-Ponty, Die Abenteuer der Dialektik, Frankfurt am Main: Suhrkamp, 1968, 31.

S. 143 *Schrieb mir Peter Strasser*: Brief vom 27. 8. 1989 an den Verfasser. (Strasser veröffentlichte u. a. «Verbrechermenschen», Frankfurt am Main: Campus, 1984; «Die verspielte Aufklärung»,

Frankfurt am Main: Suhrkamp, 1986; «Philosophie der Wirklich-keitssuche», Frankfurt am Main: Suhrkamp, 1989.)

S. 144 *Eine sechsteilige Fernsehdokumentation*: Sie wurde im Januar 1982 vom ZDF ausgestrahlt. Vgl. dazu Holl, Religionen, a. a. O., 9.

S. 145 *In einem seiner Bücher*: Frederic Morton, Crosstown Sabbath, New York: Grove Press, 1987.

S. 147 *Der siebente Tag*: Genesis 2,2.

(Die Niederschrift wurde im September 1990 begonnen und im September 1991 abgeschlossen.)

Personenregister